Harald Parigger
Tatort Geschichte · Verrat am Bischofshof

TATORT
GESCHICHTE

Harald Parigger

Verrat am Bischofshof

Illustrationen von Christian Zimmer

Loewe

Der Umwelt zuliebe ist dieses Buch
auf chlorfrei gebleichtem Papier gedruckt.

ISBN 978-3-7855-4682-6
Veränderte Neuausgabe 2006
1. Auflage 2006
© 2003 Loewe Verlag GmbH, Bindlach
Umschlagillustration: Hauke Kock
Umschlagfoto: Corbis/ElioCiol
Umschlaggestaltung: Andreas Henze
Printed in Germany (007)

www.loewe-verlag.de

Inhalt

Dem Anschlag entronnen

Bei allen Heiligen, den Burschen sollte doch der Teufel holen! Hermann Schurig, Küchenmeister des Bischofs von Würzburg, traute seinen Augen nicht. Was hatte der Hilfskoch Ulrich in der Vorratskammer zu schaffen, wenn er doch eigentlich am großen Holzzuber stehen und Schweinsdärme putzen sollte?

Meister Hermann schlich ihm auf Zehenspitzen hinterher. Sein rundes Gesicht war rot vor Zorn, die kleinen feisten Hände hatte er zu Fäusten geballt.

Die anderen, die in der Küche mit der Vorbereitung des Festmahls beschäftigt waren, schauten ihm beklommen nach: Christoph, der zweite Hilfskoch, Bertha, das Küchenmädchen, und Adelheid und Georg, Hermanns Kinder. Sie alle wussten, was passieren würde. Aber niemand konnte Ulrich vor dem Unwetter bewahren, das jetzt über ihn hereinbrach.

„Du Lumpenkerl!" *Klatsch!* „Du verfressener Nichtsnutz!" *Klatsch!* „Du wandelnde Beleidigung der Kochkunst!" *Klatsch!* „Was haben deine ungewaschenen Pfoten in den eingelegten Kirschen zu su-

11

chen?" *Klatsch!* „Weißt du, was Seine Exzellenz eine
Maß von diesen Kirschen kostet?" *Klatsch!*

„Jetzt hört schon auf, Meister!", jammerte Ulrich.
„Das ist ungerecht! Fünf Ohrfeigen für eine einzige
Kirsche!"

„Eine einzige, dass ich nicht lache!", brüllte Hermann. „Die einzige, bei der ich dich erwischt habe,
wolltest du wohl sagen. Hier hast du noch eine, für
die zwanzig, die du vorher schon in dein nimmersat-
tes Maul gestopft hast!" *Klatsch!*

Endlich schien sich der Zorn des Meisters etwas
abgekühlt zu haben. Er stapfte aus der Vorratskammer und zog den unglücklichen Ulrich hinter sich
her. „So, jetzt mach endlich die Schweinsdärme sauber! Und ihr, steht nicht herum und haltet Maulaffen
feil!"

Er raufte sich die Haare. „Mit was für einer Bande
von Tagedieben bin ich gestraft, wie sollen wir nur
jemals rechtzeitig fertig werden! An die Arbeit, an
die Arbeit! O Gott, o Gott, ich muss dem Herrn Bischof gegenübertreten und sagen: Euer Exzellenz,
ich habe versagt! Jagt mich mit Schimpf und Schan-
de davon, verstoßt mich, verbannt mich aus Euren
Landen, köpft mich, rädert mich, hängt mich auf!
Ich, Hermann Schurig, der beste Küchenmeister des

deutschen Reiches, bin nicht in der Lage, Euch und
Euren Gästen ein einfaches Abendessen zuzuberei-
ten, denn ich bin von Faulpelzen und Dummköpfen
umgeben!"

Bis auf Ulrich, der mit feuerroten Backen und mür-
rischer Miene zu seinen Därmen zurückkehrte, war
über Meister Hermanns zornige Verwünschungen
niemand besonders verärgert. So war er nun mal –
wenn der Bischof hohen Besuch hatte und die Köst-
lichkeiten der Küche besonders gefragt waren, führte
er sich auf, als wäre er vom Veitstanz befallen. Dann
war es am besten, ihm aus dem Weg zu gehen und
möglichst unauffällig seine Arbeit zu machen.

Und heute, wo es auf Hermanns Kochkunst ankam
wie nie zuvor, war er so gefährlich wie ein Feuer
speiender Drache. Wer da so dumm war, eingelegte
Kirschen zu klauen und sich auch noch erwischen zu
lassen, der war wirklich selbst schuld.

Schon am frühen Morgen, als Bertha das Feuer im großen Herd gerade angeschürt hatte und der Koch mit Adelheid und Georg beim Frühstück aus Grütze, Käse und Bier saß, hatte der hochwürdige geistliche Herr Michael de Leone die Küche betreten.

Er war einer der Domherren Bischof Albrechts von Hohenlohe und als Protonotar einer seiner engsten Berater. Außerdem liebte er gutes Essen und Trinken über alles.

„Hört zu, Meister Hermann", sagte er, nachdem er sich hingesetzt und einen kräftigen Schluck getrunken hatte, „heute müsst Ihr wirklich Euer Bestes geben."

Hermann runzelte die Stirn. „Ich gebe immer mein Bestes", knurrte er, „und das ist das Beste überhaupt!"

„Natürlich, da gibt es gar keinen Zweifel", beeilte sich Michael zu bestätigen. „Ihr seid perfekt, Meister Hermann, Eure Kunst ist nicht zu übertreffen. Aber Ihr seid schließlich nicht allein in der Küche ..."

„Wohl wahr, wohl wahr, Hochwürdiger Herr", seufzte Hermann. „Und da kann von Perfektion keine Rede sein! Schaut Euch nur die beiden an", er deutete auf seine Kinder. „Der Junge hat mir neulich einen Marzipanteig mit Salz geknetet. Mit Salz, stellt Euch vor! Und das Mädchen erst ... Ach, wisst Ihr, Frauen gehören eigentlich gar nicht in die Küche."

„Ihr seid ungerecht, Vater!", empörte sich Adelheid. „Meine Honigkuchen zum Beispiel sind ausgezeichnet!"

„Ach was", sagte Hermann abfällig, nahm einen Schluck Bier und rülpste laut. „Honigkuchen, papperlapapp! Demnächst wirst du noch damit prahlen, dass deine Hafergrütze von feinster Qualität ist!"

Georg merkte, dass Adelheid etwas Freches entgegnen wollte, und fragte schnell: „Warum müssen wir uns denn heute besonders anstrengen, Hochwürdiger Herr? Hat der Herr Bischof vornehmen Besuch?"

„Allerdings", antwortete Michael de Leone. „Vornehmen und wichtigen."

„Wen denn? Vielleicht ...", Georg dämpfte vor lauter Ehrfurcht die Stimme, „den Kaiser persönlich?"

„Das nicht gerade", erwiderte Herr Michael. „Aber mit ihm hat der Besuch wirklich etwas zu tun. Also, die Sache ist die: Im letzten Jahr hat der Papst sich über Kaiser Ludwig gewaltig geärgert und verkündet: ,Im Namen Gottes erkläre ich ihn für abgesetzt!' Danach haben die sieben mächtigsten Fürsten einen anderen Herrscher mit Namen Karl gewählt. Wie ihr euch denken könnt, ist Ludwig damit ganz und gar nicht einverstanden. Er behauptet: ,Der Papst darf mich gar nicht absetzen. Ich bin und bleibe Kaiser!' Das wiederum passt dem neuen Herrscher überhaupt nicht ..."

„Ja, und? Was hat unser Herr Bischof damit zu tun?", fragte Georg ungeduldig.

„Das will ich dir sagen", erklärte Michael. „Beide Herrscher, der alte und der neue, wollen so viele Verbündete wie möglich gewinnen. Denn wer die meisten Anhänger hat, der wird sich am Ende durchsetzen. Unser Bischof ist ein sehr angesehener Fürst ..."

„Ach, jetzt verstehe ich!", unterbrach Adelheid. „Herr Ludwig und Herr Karl haben Leute geschickt, die unseren Bischof bestechen sollen. Aber für die braucht sich Vater doch nicht die Seele aus dem Leib zu kochen! Die wollen doch was vom Bischof! Denen könnte man ja sogar das Zeug vorsetzen, das der Bischof selber isst!"

„Sei nicht so vorwitzig!", wies Meister Hermann seine Tochter zurecht, doch seine Miene verriet, dass er ihr im Grunde beipflichtete. Bischof Albrecht konnte einen Küchenmeister nämlich wirklich zur Verzweiflung bringen. Er begnügte sich meistens mit hartem Brot, Gemüse, Weißkäse und einem Stückchen gekochten Fisch. Seinen Wein verdünnte er so sehr, dass ihm ein Seidel für eine volle Woche reichte, und wenn er einmal richtig schlemmen wollte, dann knabberte er ein paar trockene Haferkekse und schlürfte einen Becher süße Mandelmilch dazu. Gegen diesen Bischof waren die mageren Bettelmönche aus der Stadt geradezu Vielfraße. Nein, als Küchenmeister eines solchen Kostverächters hatte man wahrlich kein leichtes Leben!

Wenn die Beamten des bischöflichen Hofs nicht wären, hätte er schon längst das Weite gesucht und sich woanders verdingt. Aber, bei allen Heiligen, diese Herren wussten eine gute Küche zu würdigen. Besonders Michael de Leone!

Wohlwollend nickte Hermann dem Protonotar zu. „Ob die Gäste nun wichtig und bedeutend sind oder nicht, das ist mir ganz gleich. Bei meiner Ehre: Wenn Ihr an der Tafel des Bischofs speist, hochwürdiger Herr, wird nur das Feinste aufgetischt!"

„Da bin ich mir sicher!" Michael strahlte, als er sich die Genüsse vorstellte, die ihn erwarteten. Aber gleich darauf verdüsterte sich seine Miene.

„Leider geht es heute Abend nicht nur um mein Wohlergehen", sagte er, „sondern um viel mehr. Denn die Angelegenheit ist höchst kompliziert."

Er seufzte tief und fuhr fort: „Wir haben ja nicht nur zwei Herrscher, die sich um die Krone streiten. Es gibt nämlich auch zwei Würzburger Bischöfe. Den einen kennt ihr: Herrn Albrecht von Hohenlohe, den das Domkapitel gewählt hat, wie es seit jeher der Brauch ist. Wir Würzburger betrachten ihn deshalb als unseren rechtmäßigen Herrn. Doch leider hat es dem Heiligen Vater in Rom – Gott möge ihn künftig erleuchten! – gefallen, noch einen anderen zum Bischof von Würzburg zu ernennen ..."

„Was?", staunte Georg. „Wer soll das denn sein?"

Michael zuckte die Achseln. „Kaum ein Mensch hier hat je von ihm gehört, und wer ihn kennt, der will ihn nicht. Aber immerhin – er ist vom Papst ernannt, das kann man nicht einfach so wegwischen. Und ihr wisst ja, wie unser Bischof ist. Körperlich ...", er grinste und warf einen viel sagenden Blick auf Hermanns Kugelbauch, „ähnelt er Euch zwar gar nicht, Meister. Aber er hat das gleiche hitzige Temperament wie Ihr. Also hat er dem Heiligen Vater ohne viel Federlesens geschrieben, er sei der einzige rechtmäßige Kandidat, und der andere solle sich gefälligst zum Teufel scheren. So kann man vielleicht mit einem Dorfpfarrer reden, aber nicht mit dem Papst."

„Der Herr Papst ist also auf unseren Bischof nicht gut zu sprechen", schloss Georg.

„Du sagst es", nickte Michael de Leone. „Und mit Ludwig und Karl hat Herr Albrecht es sich auch verdorben. Beide versuchen nämlich schon lange, ihn auf ihre Seite zu ziehen. Aber er hat ihnen bisher immer einen Korb gegeben und keinen richtig anerkannt."

 Meister Hermann wischte sich den Schweiß von der Stirn. So viel Politik, das war einfach zu viel für ihn.

„Und was hat das jetzt alles mit unseren Gästen zu tun?", erkundigte er sich ungeduldig. „Aber bitte nicht so ausführlich, hochwürdiger Herr, der Tag ist kurz, und die Kochkunst braucht lang!"

Michael schüttelte den Kopf. „Ihr werdet nie Ratgeber eines Bischofs werden", sagte er. „Kurz soll ich mich fassen ... also gut: Es ist mir gelungen, je einen engen Vertrauten Ludwigs, Karls und des Papstes nach Würzburg einzuladen. Den ganzen Tag haben sie mit dem Bischof verhandelt. Aber er ist mit ihnen so umgegangen, wie er mit den meisten Leuten umgeht: saugrob. Keinem hat er nachgegeben, alle hat er verärgert und sich vielleicht gar zu Feinden gemacht. Und das ist in diesen unruhigen Zeiten äußerst gefährlich – es könnte gar Krieg für Würzburg bedeuten ..."

Er fasste Hermann bei den Schultern und sah ihm beschwörend in die Augen. „Meister! Wenn hier einer noch etwas retten kann, dann seid Ihr es! Die Diplomatie hat versagt. Vielleicht können Eure köst-

lichen Speisen die Gegner versöhnen, vielleicht be-
sänftigen sie die Gemüter und es kommt doch noch
zu einer Eini..."

Er wurde von einem kleinen schwarzhaarigen
Mann unterbrochen, der durch die offene Tür in die
Küche trippelte. Der Kleine ging ein wenig schief und
mit hochgezogenen Schultern, denn er hatte einen
ordentlichen Buckel. Kaum hatte er sich auf der Bank
am Herd niedergelassen, sprudelte er aufgeregt hervor: „Hört zu, Koch, heut kommt es darauf an, heut
müsst Ihr zeigen, dass Ihr die ungeheure Summe wert
seid, die man Euch bezahlt, für heut müsst Ihr Eure
normale Kocherei vergessen. Ich werde Euch vor-
schreiben, was Ihr anzurichten habt!"

Das war zu viel, entschieden zu viel.

Meister Hermann stieß seinen Humpen auf den Tisch, dass das Bier spritzte, und brüllte: „Niemand schreibt mir vor, was ich anzurichten habe, nicht einmal der heilige Kilian könnte das, und Ihr schon gar nicht, Hochwürdiger Herr!"

Der Neuankömmling runzelte wütend die dichten schwarzen Brauen.

„Überschätzt Euch nicht, alter Suppenpanscher", zischte er. „Ihr seid nur ein Lakai, weiter nichts, ein Eiersieder, ein Schweinsdarmstopfer ..."

Meister Hermann lief rot an, seine Hände krampften sich um seine Schüssel mit der Hafergrütze.

Georg malte sich gerade vergnügt aus, wie es aussähe, wenn sein Vater sie dem Kleinen über den Kopf stülpte, da griff Michael de Leone ein.

„Beruhigt Euch, meine Herren! Wenn Ihr streitet, ist die Sache unseres Bischofs schon so gut wie verloren! Ihr, Ottokar, solltet Euch wieder um die hohen Gäste kümmern, und Ihr, Meister Hermann, meint Ihr nicht, dass es Zeit wird, mit den Vorbereitungen für das Festmahl zu beginnen?"

„Ihr habt Recht", stieß Ottokar hervor, warf dem Koch einen giftigen Blick zu und erhob sich. „Ich bin in der Tat bei den Verhandlungen nicht zu entbehren.

Aber dann schaut wenigstens Ihr diesem Stümper auf die Finger, Michael!"

Er hastete mit kleinen Schritten davon, der Kopf war hinter dem großen Buckel kaum zu sehen.

„Ja, verschwinde bloß, Otto Krummbuckel", knurrte Meister Hermann, „bevor ich dir ein Sauerkrautfass ins Kreuz werfe!"

„Ihr solltet ihn besser nicht so nennen!", tadelte Michael. „Otto Krummbuckel! Das würde er Euch nie verzeihen! Der Domkapitular Ottokar von Krumbach möchte eines Tages selbst Bischof werden, und wenn ihm das gelingt, dann gnade Euch Gott!"

„Ein erstklassiger Koch wird überall gebraucht", entgegnete Hermann. „Wenn Krummbuckel – was alle Heiligen verhüten mögen – mal Bischof wird, packe ich meine Sachen und bin am nächsten Tag weg! Aber jetzt ..." Er hob die Stimme und donnerte, dass die Kinder vor Schreck ihre Löffel fallen ließen und die beiden Hilfsköche, die inzwischen gekommen waren, furchtsam zusammenfuhren: „... an die Arbeit, ihr faulen Säcke!"

So hatte der Tag schon nicht besonders gut angefangen, und Hermanns Laune wurde in den nächsten Stunden eher schlechter als besser.

Am Nachmittag erreichte sie ihren Tiefpunkt. Da betrat nämlich einer der Burgwächter die Küche und rief: „Befehl des Hofmeisters: Das ganze Gesinde und auch der Koch sollen heraustreten zur Begrüßung der Gäste unseres Herrn! Sie kommen jeden Moment von der Messe aus dem Dom."

Meister Hermann fluchte. War er doch gerade dabei, eine besonders köstliche Pastetenfüllung zu mischen!

Mit wütendem Eifer schrubbte er sich die Hände sauber und befahl: „Alle reine Schürzen anziehen, los!"

Als er sah, dass Adelheid und Georg sich verdrücken wollten, schnauzte er: „Nichts da, ihr geht auch mit!"

Wenig später standen sie nebeneinander an der Hauswand, die Waffenknechte vorschriftsmäßig mit Schwert, Kettenkapuze und Schilden, die das Wappen des Bischofs trugen, das Dienstpersonal in sauberen blauen Schürzen.

Das Wetter war abscheulich. Ein kalter Wind pfiff über die Burgmauern, schwarz-graue Wolken ballten sich am Himmel.

„Hoffentlich dauert es nicht allzu lange", flüsterte Georg seiner Schwester zu. Statt einer Antwort deutete Adelheid auf das innere Tor.

Da kamen sie schon, geleitet von Rittern und Knechten, hoch zu Ross: Vorneweg der Bischof, die hagere Gestalt in ein einfaches Gewand gehüllt, das Gesicht, umrahmt von langem, schwarzem Haar, wie immer ernst und streng. Hinter ihm, weitaus prächtiger gekleidet, seine Gäste: Graf Johann von Schwarzberg, der Vertraute Kaiser Ludwigs, Abt Jacques von Courtenay, der Gesandte des Papstes, und Berthold von Bulleneck, der Berater König Karls.

Den Schluss bildeten die Domkapitulare und ein paar schwer bewaffnete Reisige.

Inzwischen hatte es zu regnen begonnen, und der Wind war zum Sturm geworden. Von fern grollte der Donner.

Meister Hermann und seine Leute verbeugten sich tief. Sie froren erbärmlich, weil sie aus der warmen Küche kamen.

Dem Bischof schien das Wetter überhaupt nichts auszumachen. Er trabte gemächlich heran, ließ sein Pferd dicht vor der Hausmauer Halt machen und musterte das Personal ausgiebig, während ihm das Wasser in den Kragen rann.

Erst als die Gäste mithilfe einiger Stallburschen aus dem Sattel gestiegen und im Inneren der Burg verschwunden waren, nickte er gnädig und sagte: „Es ist gut. Ihr könnt wieder ...“

In diesem Augenblick geschahen mehrere Dinge gleichzeitig.

Ein greller Blitz, gefolgt von einem lauten Donnerschlag, zuckte auf, das Pferd des Bischofs scheute und machte einen Satz; direkt hinter ihm schlug etwas schwer auf dem Boden auf und zerbarst, dass die Splitter flogen.

Zwei Waffenknechte stürzten herbei. „Was ist passiert, Euer Exzellenz?"

Der Bischof zuckte gleichmütig die Achseln. „Ich weiß es nicht. Seht nach!"

Einer der beiden bückte sich und hob etwas vom Boden auf: ein Stück von einer der schweren Pfannen, mit denen das Dach gedeckt war.

„Ihr seid knapp dem Tod entronnen, hochwürdigster Herr Bischof", sagte er bestürzt. „Wenn Euch eine der Dachpfannen getroffen hätte, sie hätte Euch den Schädel zerschmettert. Der Sturm muss sie vom Dach geweht haben."

„Was immer geschieht, es geschieht nur nach dem Willen des Allmächtigen", entgegnete der Bischof, glitt aus dem Sattel und ging in die Burg, als ob nichts geschehen wäre.

Adelheid zupfte Michael de Leone, der neben sie getreten war, aufgeregt am Ärmel.

„Seht Euch das an", flüsterte sie. „Das war nicht der Sturm!"

Was hat Adelheid entdeckt?

Im Reich des Meisterkochs

Zurück in seiner Küche, war Hermann keineswegs besserer Laune als zuvor. Er versenkte seine Hände in die Pastetenmasse und fuhrwerkte darin herum, dass die Schüssel klapperte. Als Adelheid ihm erzählen wollte, was sie entdeckt hatte, wurde sie angefaucht: „Papperlapapp, Dachpfannen, da auf dem Herd stehen Pfannen, und die wirst du jetzt blank scheuern, verstanden?"

Georg, der es wagte, fröhlich zu pfeifen, während er ein paar Forellen putzte, entging nur knapp einem heransausenden Wurfgeschoss aus Eierschalen.

„Du sollst nicht flöten, sondern arbeiten!", brüllte Hermann. Und gleich darauf: „Christoph, wo steckst du? Christoph! Bei allen Heiligen, muss ich denn alles allein machen?"

Eigentlich war Meister Hermann mit seinem Gehilfen Christoph durchaus zufrieden. Er war reinlich, lernte schnell und hatte geschickte Finger. Man konnte ihm auch schwierigere Arbeiten anvertrauen, im Gegensatz zu Ulrich, der sich immer noch so dumm anstellte wie am ersten Tag.

Aber Christoph hatte einen Fehler, den ihm sein Meister nicht verzeihen konnte: Er hatte einen empfindlichen Magen. War Hermann milde gestimmt und fütterte ihn mit allerlei Leckerbissen, bekam Christoph sofort Magenschmerzen. Schimpfte er mit ihm und gab ihm nichts, hatte er erst recht Magenschmerzen. Er war dünn und blass und aß kaum etwas. Das ärgerte Hermann jeden Tag aufs Neue, denn es kam ihm vor wie eine Verhöhnung seiner Kochkunst. Schlimm genug, dass der Bischof so ein Kostverächter war. Aber ein künftiger Küchenmeister, der nicht essen mochte, das war wie ein Priester, der nicht betete, oder ein Schmied, der Angst vor dem Feuer hatte – eine Katastrophe jedenfalls.

„Christoph!" Beim Himmel, wenn der Bursche jetzt, wenn man jede Hand brauchte, auf der Latrine hockte oder sich heiße Tücher auf den Bauch legte, dann würde er ihn hinauswerfen – ohne Gnade!

„Hi-hier, Mei-meister, ich bin schon hi-hier!"

Erstaunt musterte Hermann seinen Gehilfen, der bleich, das schmale Gesicht zu einer schmerzlichen Grimasse verzogen, auf ihn zukam.

„Was hast du denn in der Vorratskammer gemacht?", fragte er. „Du hast doch nicht etwa auch von den eingelegten Kirschen geklaut?"

„Nei-nein, Meister! Nie-niemals würde ich so was tun!"

„Ja, das glaub ich dir!", knurrte Hermann ungnädig. „Ist der Teig für die Pastete fertig?"

Der Gehilfe nickte. „Jawohl, Meister."

„Dann roll ihn aus, und mach die Tiere für den Deckel zurecht."

Christoph verstand sich darauf, Figuren aus dem Teig zu schneiden, die wie lebendig wirkten. Sie wurden zur Verzierung auf den Teigdeckel der Pastete geklebt und vor dem Servieren vergoldet.

Während der Gehilfe sich an die Arbeit machte, kostete Hermann die Mischung in der Schüssel. Er gab noch ein wenig Salz, Pfeffer, Ingwer und Safran dazu, kostete wieder und schüttelte missmutig den Kopf.

„Es ist noch nicht ganz perfekt", murmelte er und schrie:

„Bertha!"

Das Küchenmädchen war gerade damit beschäftigt, ein Mus aus reifen Birnen und Honig zu kochen, das als Füllung für einen Kuchen dienen sollte. Als Hermann rief, zog es den Topf vom Herd. „Ja, Meister?"

„Hol mir mein Kochbuch, du bist die Einzige, die saubere Finger hat!"

Das Kochbuch war Hermanns kostbarster Besitz. Er hatte jedes Rezept darin eigenhändig aufgeschrieben, fast fünfzig waren es inzwischen, und immer wieder kamen neue dazu. Alle Gerichte stammten entweder von ihm selbst oder von berühmten Küchenmeisterkollegen. Voller Stolz nannte er es „Das Buch von guter Speise" und hütete es wie seinen Augapfel. Es lag auf einem hölzernen Pult, weit weg vom Herdfeuer, und wehe, jemand blätterte mit fettigen Händen darin!

„Schau nach unter ‚Pastete'", befahl Hermann und leckte sich den Fleischteig vom Finger. „Irgendeine Würze fehlt noch, und ich komme nicht darauf, was es ist. Es könnte so ungefähr das vierzehnte oder fünfzehnte Rezept sein."

Langsam öffnete Bertha das Buch, blätterte vor und wieder zurück, ließ den Finger über die Zeilen gleiten, kniff die Augen zusammen und riss sie wieder auf, hob endlich den Kopf und sah Hermann ratlos an.

„Ja, was ist denn, dumme Gans", schnauzte der, „liest du mir jetzt das Rezept vor, oder soll ich vorher noch eine Wallfahrt machen?"

„Aber Meister", erwiderte Bertha gekränkt und schniefte vernehmlich. „Ich kann doch nicht lesen!"

„Ja, warum sagst du das denn nicht gleich?"

„Aber das wisst Ihr doch, Meister!"

„Muss ich denn immer an alles denken, beim heiligen Kilian? Es ist zum Haareraufen! Also, schlag auf, so, noch eine Seite, noch eine. Da steht die Nummer 15, ‚Von Pasteten' ... warte, da haben wir es schon: Zimt. Zimt fehlt noch!"

Hermann holte ein Säckchen mit feinem braunem Pulver darin und gab eine große Prise an das Fleisch. Dann kostete er erneut und nickte zufrieden. „Jetzt ist es gut. Hast du die Form vorbereitet? Dann hinein damit, den Teig darüber, und ab in den Ofen!"

Er rieb sich die Hände und schaute sich prüfend in der Küche um. „Ich glaube, das wär's. Alle Vorbereitungen sind getroffen. Fürs Erste haben wir es geschafft."

Viel sagend kniff er ein Auge zu und verbesserte sich: „Habe *ich* es geschafft. Trotz eurer Hilfe."

In diesem Augenblick tauchte an der Tür ein schwarz behaarter Kopf auf.

„Ottokar Krummbuckel", knurrte Meister Hermann und ballte eine Faust. „Ich schmeiß ihn eigenhändig raus!"

„Beherrscht Euch, Vater", murmelte Adelheid eindringlich. „Wenn Ihr einen leibhaftigen Domkapitular verprügelt, dann ..."

Sie ließ den Satz unvollendet. Ihr Vater nickte und atmete tief durch. „Was kann ich für Euch tun?", fragte er kurz.

„Für mich nichts", lautete die Antwort. „Aber für die Gäste unseres allergnädigsten Herrn Bischof. Sie wünschen Eure Küche zu besichtigen und werden in wenigen Minuten hier eintreffen. Ist alles sauber? Naja, für den, der nicht allzu genau hinschaut, mag's genügen ..."

Irgendetwas in Meister Hermanns Augen, vielleicht auch die Tatsache, dass der Koch ein Küchenbeil vom Tisch genommen hatte und es versonnen in der Hand wog, veranlasste Ottokar, schleunigst kehrtzumachen. „Die hohen Herren werden jeden Augenblick erscheinen", sagte er über die Schulter und fügte hämisch grinsend hinzu: „Meine Wenigkeit eingeschlossen. Ich werde Euch, wenn ich's mir recht überlege, auch die Ehre erweisen. Vergesst nicht, Euch geziemend zu verbeugen!" Weg war er.

„Dieser aufgeblasene, hochnäsige, nichtsnutzige ...", begann Hermann schnaufend, doch Adelheid legte ihm begütigend die Hand auf den Arm. „Was regt Ihr Euch über ihn auf", sagte sie. „Denkt doch nur, Vater: Lauter bedeutende Männer, die wichtige Verhandlungen zu führen haben, wollen Euch und Eure Küche sehen. Das zeigt doch, wie hoch Ihr geschätzt werdet!"

„Zu Recht, zu Recht", brummte Hermann, und seine Miene hellte sich sichtbar auf. „Also los dann! Gesichter waschen, Haare kämmen, auf eure Plätze!"

Er trat an das hölzerne Pult und vertiefte sich in sein Kochbuch. Bald wurden draußen Schritte und Gemurmel hörbar. Sofort legte er seine Stirn in gewichtige Falten und begann, mit erhobener Stimme zu dozieren.

„Ihr müsst wissen, meine Lieben, die Kochkunst ist eine der schwierigsten Künste überhaupt, aber ..."

Vor der Küche unterhielten sich die Gäste, lautes Lachen ertönte.

Hermann hielt inne, presste die Kiefer zusammen und wartete.

Endlich schwang die Tür auf, und er begann von neuem. Adelheid und Georg verkniffen sich mit Mühe ein Grinsen.

„Ihr müsst wissen, meine Lieben, die Kochkunst ist eine der schwierigsten Künste überhaupt, aber auch eine der erhabensten, denn was kann wichtiger sein, als die Kraft des Leibes zu erhalten und die Seele durch Wohlgeschmack zu erfreu... Oh, Ihr edlen Herren, ich habe Euch gar nicht kommen hören! Willkommen in meinem bescheidenen Reich!"

Der Koch machte eine elegante Verbeugung und wartete, bis alle Herren in der Küche standen und sich neugierig umschauten. Suppen und Ragouts brodelten in großen Kesseln, Saucen simmerten in eisernen Pfannen, Hühner brieten an Spießen über der offenen Feuerstelle. Leise zischte es, wenn sich ein Tropfen Fett von ihnen löste, und ein gelbes Feuerzünglein flackerte aus der roten Glut empor.

Der Bischof trat auf seinen Koch zu. „Fasse dich kurz, Hermann", mahnte er leise. „Du weißt, ich liebe es nicht, wenn man den Bedürfnissen des Leibes zu viel Aufmerksamkeit widmet."

Hermann bemerkte die schadenfrohe Miene Ottokars und nickte säuerlich. „Jawohl, Exzellenz."

Dann wandte er sich wieder an seine Besucher. „Wie ich meinen Gehilfen eben schon sagte", begann er, „ist die Kochkunst eine der schwierigsten und erhabensten. Es gibt Herren von Rang und Ruf, die stellen sie über die Medizin und ordnen sie gleich nach der Theologie ein ..."

Er vergaß die Mahnungen des Bischofs, übersah dessen finsteren Gesichtsausdruck, zeigte Geschirr und Gewürze, sprach über Zubereitungsarten und Garzeiten.

Seinen Gästen gefiel es; das Wasser lief ihnen im Mund zusammen, und sie erhielten immer wieder eine Kostprobe: ein Stück Wildschinken, ein wenig Honigkonfekt ...

Seine Gehilfen, die nichts bekamen, fanden es dagegen nicht so interessant. Besonders Adelheid und Georg hatten Mühe, nach dem anstrengenden Tag nicht im Stehen einzuschlafen. Wie oft hatten sie das alles schon gehört!

„Jetzt wird er gleich sagen, dass Gänsepastete auf der Zunge zergehen muss", raunte Georg.

„Tatsache ist, Ihr edlen Herren, dass eine perfekte Gänsepastete auf der Zunge zergehen muss", erklärte Hermann, indem er bedeutungsvoll in die Runde schaute. „Doch lasst mich nun zur Hauptsache kommen – zu den Gerichten, die ich eigens für den heutigen Abend komponiert habe, zu Ehren der Herrscher, deren Gesandte Ihr seid: Hühner nach des Königs Art, gefülltes Milchferkel für des Kaisers Tisch, Kirschcreme ‚Papst Clemens'. Für die Zubereitung der Hühner muss man Folgendes beachten ..."

Adelheid unterdrückte ein Gähnen. „Hört er denn überhaupt nicht mehr auf", stöhnte sie leise. Plötzlich stieß sie ihren Bruder in die Seite. „Schau dir das an", flüsterte sie und grinste. „Es gibt noch jemanden, der das Gerede übers Essen nicht mehr aushalten konnte!"

Hermann hatte es inzwischen auch bemerkt; und wer ihn kannte, sah ihm an, dass er schwer beleidigt war.

Wer hat die Küche inzwischen verlassen?

Gefährliche Mahlzeit

Der Küchenmeister hätte noch stundenlang von seiner Arbeit und seinen Fähigkeiten geschwärmt, wäre ihm nicht irgendwann eingefallen, dass vom Reden allein kein Braten zerlegt und kein Hühnchen gefällig angerichtet wird. Auch musste die Pastete schleunigst aus dem Ofen, das Fladenbrot war noch nicht gebacken, die Sauce zum Stockfisch musste noch gerührt werden ...

„Erlaubt, Ihr Herren", sagte er darum hastig, „dass ich mich nun wieder meiner Kochkunst zuwende. Ich muss meinen Gehilfen auf die Finger sehen, damit Euer Genuss durch nichts getrübt wird."

Als seine Gäste die Küche verlassen hatten, war es mit der Ruhe und der guten Laune schlagartig wieder vorbei. Er scheuchte die anderen durch die Gegend, roch dort, versuchte hier, mäkelte an allem herum, brachte es aber doch fertig, dass alle Gerichte pünktlich fertig wurden und perfekt gelangen. Schließlich war er wirklich ein Meisterkoch!

Dann war der große Augenblick gekommen: Die gesamte Küchenmannschaft, verstärkt durch Kammerdiener und andere Bedienstete des Bischofs, stand, in ihre besten Gewänder gehüllt, bereit. Jeder trug ein silbernes oder kupfernes Tablett, auf denen die Speisen, die zur ersten Runde des Festmahls gereicht werden sollten, in Schüsseln und auf Platten appetitlich angerichtet waren.

Auf ein Zeichen des bischöflichen Haushofmeisters marschierten sie von der Küche in den Festsaal, der von zahllosen Kerzen und Öllampen erleuchtet war. Auf einer Empore hockten zwei Hornbläser und ein Lautenspieler und musizierten im Takt der feierlichen Prozession. An einer Seite der langen Tafel sa-

ßen, prächtig gewandet, die Gäste, in ihrer Mitte der Bischof auf einem erhöhten Sitz. An die andere Seite traten jetzt die Diener und Köche, machten einen eleganten Kratzfuß und präsentierten ihre Gaumenfreuden.

Neben Süßwein und allerlei Früchten gab es Stockfisch in Eierteig, Kapaunfleisch mit Knoblauchsauce, einen ganzen gebratenen Schwan, Ragout von Krebsen und Flussfischen und natürlich Meister Hermanns berühmte Pastete.

Die Herren speisten mit gewaltigem Appetit, die auswärtigen Gesandten ebenso wie die Domherren

und die bischöflichen Beamten. Nur der Bischof selbst hielt sich wie gewohnt zurück. Am Aperitif nippte er nur, aß einige Früchte, ein wenig Stockfisch und Ragout. Alles andere verschmähte er, sogar die köstliche Pastete.

Der Küchenmeister bemerkte es mit Erbitterung; aber er tröstete sich damit, dass die anderen umso herzhafter zulangten.

Das dampfende Essen, die Kaminfeuer, die an allen Ecken des Saales brannten, und die vielen Lichter trieben den Speisenden den Schweiß auf die Stirn. Georg und Adelheid, die den Auftrag hatten, die Gäste mit Wein und Wasser zu versorgen, kamen mit dem Einschenken kaum nach.

Als die Speisen des ersten Ganges verzehrt waren und Hermann eben den Befehl zum Auftragen der nächsten Gerichte geben wollte, winkte ihn der Bischof zu sich. „Du hast dich selbst übertroffen, mein Lieber", lobte er. „Sogar mich hast du ein wenig zur Sünde verleiten können mit dem überaus wohl schmeckenden Krebsragout. Wenn ich aber schon mehr als gewöhnlich zu mir genommen habe, könnte ich das Mahl doch mit etwas Süßem abschließen. Würdest du mir etwas bringen ... du weißt schon, von meiner Lieblingsleckerei?"

„Aber allergnädigster Herr!", rief Hermann bestürzt. „Das ist doch nicht Euer Ernst! Die Gerichte, die ich eigens für heute Abend erfunden habe, die eines Königs, Kaisers oder Papstes Tafel krönen könnten – Ihr wollt sie nicht einmal versuchen?"

„Hermann, du kennst mich", erwiderte der Bischof streng. „Ich liebe die Gefräßigkeit nicht, und die Völlerei ist eine Todsünde, der meine Gäste erliegen mögen, ich aber nicht! Also bring, was ich dir befohlen habe!"

„Wie Ihr befehlt, Exzellenz!" Geknickt schlich Hermann davon, um dem Bischof seine Lieblingsspeise zu bringen: trockene Kekse aus grobem Mehl, ein wenig Honig, Nelken und Zimt, dazu einen Becher Mandelmilch.

Mürrisch stellte er das Gewünschte vor den Bischof hin. Der bot davon seinen Nachbarn an, aber die lehnten höflich ab: Sie warteten auf die Genüsse, die ihnen der Küchenmeister versprochen hatte.

Und sie kamen! Die Hühner nach Art des Königs, zarte Brüstchen und Keulen, in Eierteig gebacken, sanft mit Anis und Ingwer gewürzt. Die Milchferkel für des Kaisers Tisch, scheinbar im Ganzen gebraten, mit knusprig brauner Haut, aber darunter mit einer butterweichen Füllung, köstlich mit Speck und Petersilie abgeschmeckt. Die Creme, mit in Wein gekochten Kirschen und Mandelpudding, reichlich mit Zimt und Zucker bestreut und von himmlischer Süße ...

Die Gäste waren hingerissen. Sie hörten auf, sich zu unterhalten, und konzentrierten sich ganz auf das Essen. Sogar die Musiker hatten ihr Spiel eingestellt, als wollten sie der Meisterschaft des Kochs schweigend ihren Respekt erweisen. Im Festsaal war nichts zu vernehmen als das Prasseln der Feuer und das gedämpfte Schlürfen und Schmatzen der Gäste.

So fuhren alle zusammen, als plötzlich ein hässlicher Laut die Stille durchdrang, ein lautes, würgendes Rülpsen, gefolgt von einem qualvollen Stöhnen, das den Gästen das Mark in den Knochen gefrieren ließ.

„Bei allen Heiligen, der Bischof!", schrie Georg, der sich als Erster gefasst hatte. Er stellte seinen Weinkrug ab und stürzte auf den erhöhten Platz des Hausherrn zu.

Der Bischof war leichenblass, Schweiß rann ihm von der Stirn, er hockte zusammengekrümmt in seinem Sessel; gleich darauf zuckten ihm Arme und Beine, dann wieder schnitt er die seltsamsten Grimassen. Georg löste ihm den schweren Umhang von den Schultern und nestelte sein Hemd auf, um ihm Luft zu verschaffen. Adelheid, die schnell hinzugesprungen war, tauchte ein Mundtuch in eine Fingerschüssel und kühlte dem Bischof die Stirn. Doch beides verschaffte ihm keine Erleichterung.

Plötzlich kam Bewegung in die Reihen der Gäste, sie liefen auf den Kranken zu, bildeten einen Kreis um ihn, mutmaßten und gaben gute Ratschläge.

„Es ist das Herz", meinte Ottokar von Krumbach. „Seine Exzellenz ist von zarter Gesundheit, und er hat sich überanstrengt."

„Nein, nein, es sind verdorbene Säfte im Darm", tat Berthold von Bulleneck, ein Ritter von beachtlichem Leibesumfang, kund. „Ich kenne das. Da helfen nur Einläufe."

„Ich halte es für eine Erkältung", sagte Abt Jaques. „Man sollte ihm sofort einen heißen Ziegelstein auf den Bauch legen. Oder ...", er machte eine bedeutungsvolle Pause, „er ist besessen."

Unterdessen litt der Bischof Qualen. Er zuckte, strampelte und rang nach Luft.

„Macht Platz, ihr Narren!", tönte da eine Donnerstimme. Michael de Leone bahnte sich einen Weg durch die Gaffer. Wer nicht rasch genug auswich, den drängte er mit einem unsanften Stoß zur Seite. Nur einen kurzen Blick warf er auf seinen Herrn, dann schrie er: „He, du, Werner, nimm das schnellste Pferd und hole den Medicus Dr. Horn! Schnell! Es geht um Leben und Tod!"

Während der Diener losrannte, wandte sich Mi-

chael an die Gäste: „Nehmt bitte Eure Plätze wieder
ein, Ihr Herren, und verhaltet Euch still. Der Kranke
braucht äußerste Ruhe. Sein Leben kann davon ab-
hängen."

Es gab niemanden, der dieser Anweisung nicht
schweigend gehorchte.

„Helft mir", befahl Michael de Leone. Adelheid
fegte rücksichtslos kostbare Silberbecher und Teller
vom Tisch, und gemeinsam betteten sie den Kranken
auf die Tischplatte. Michael legte ihm eine Hand auf
die Stirn und sprach beruhigend auf ihn ein. Der
Bischof entspannte sich ein wenig und stieß hervor:
„Die Schmerzen sind unerträglich!"

„Ich weiß", entgegnete Michael. „Der Arzt ist gleich da. Er wird Euch helfen, Herr."

Schweigend starrten die Gäste auf den Kranken; niemand dachte mehr an Essen und Trinken.

Hermann, der Koch, lehnte an der Eingangstür. Sein Gesicht war aschfahl.

Endlich kam der Arzt. Er sah das totenbleiche Gesicht des Kranken, den Schweiß auf seiner Stirn, den verkrampften Körper, und ballte die Fäuste.

„Schnell", stieß er hervor. „Schafft ihn in einen Raum, wo wir Ruhe haben. Ich muss ein Brechmittel verabreichen und zur Ader lassen. Schnell, um Gottes willen, oder Würzburg braucht einen neuen Herrn!"

In Windeseile wurde der Bischof, auf der Tischplatte als improvisierter Bahre, fortgeschafft.

Zutiefst beunruhigt blieben die Gäste zurück. Was war passiert? Ein Brechmittel musste der Arzt verabreichen. Hieß das nicht ...?

Der Domkapitular Lupold von Bebenburg, ein strenger Mann, der Bischof Albrecht besonders ergeben war, sprach schließlich aus, was viele dachten.

Er trat auf Hermann zu, hielt ihm drohend einen Finger unter die Nase und sagte schneidend: „Bischof Albrecht ist lebensgefährlich erkrankt. Es kann wohl kaum ein Zweifel daran bestehen, wo die Ursache dafür zu suchen ist. Wenn seine Exzellenz ein Brechmittel benötigt, dann heißt das, er hat etwas Verdorbenes gegessen. Und dafür tragt *Ihr* die Verantwortung, Koch!"

Etwas Verdorbenes gegessen! Die Gäste musterten angeekelt die Speisen auf ihren Tellern, die ihnen gerade noch so köstlich gemundet hatten. Manche Hand wanderte verstohlen zum Bauch und tastete ihn ab. Gärte und rumorte es nicht darin? Hatte nicht das Ragout vorhin einen seltsamen Beigeschmack gehabt? Hatte die Pastete nicht muffig gerochen?

Alle Augen richteten sich auf den Koch.

Dessen Gesicht hatte die Farbe einer Blutwurst angenommen; er schnappte nach Luft und bekam keinen Ton heraus.

„Beim heiligen Kilian, schau ihn dir an!", flüsterte Adelheid aufgeregt ihrem Bruder zu. „Er braucht einen Schluck Wein, sonst trifft ihn noch der Schlag!"

Während Georg ihm einen Becher an die Lippen hielt, stellte sich Adelheid schützend vor ihren Vater.

„Mein Vater ist der beste Koch im ganzen fränkischen Land", sagte sie wütend. „In seiner Küche gibt es nichts Verdorbenes. Wer das Gegenteil behauptet, der sollte vielleicht besser mit den Stallburschen essen, denn er verdient die Speisen meines Vaters nicht."

Bevor Lupold auf diese ungeheuerliche Frechheit etwas entgegnen konnte, betrat der Arzt wieder den Festsaal.

„Nun, was ist?", fragte ihn Michael de Leone.

Der Medicus ließ sich einen Becher Wein reichen und fuhr sich erschöpft über die Stirn. „Ich bin gerade noch rechtzeitig gekommen! Zweimal habe ich ihn zur Ader gelassen, ihm dann einen kräftigen Einlauf gemacht und schließlich ein starkes Brechmittel verabreicht. Er ist noch sehr schwach – aber er hat es überlebt."

„Dafür wollen wir Gott den Herrn loben und preisen!", rief Ottokar von Krumbach und begann: „Wir danken dir, o Herr, dass du deinen Diener, unseren erhabenen Fürsten und Herrn, vor einem schrecklichen Tod bewahrt hast ..."

„Amen", sagten alle, als er geendet hatte.

„Habt Ihr herausfinden können, welche Speise so verdorben war, dass sie einen solchen Anfall her-

vorrufen konnte?", erkundigte sich Lupold anschlie-
ßend.

Der Arzt schüttelte den Kopf; eine steile Falte er-
schien auf seiner Stirn. „Keine verdorbene Speise",
erwiderte er langsam. „Die Anzeichen sind eindeutig.
Unser Herr Bischof ist vergiftet worden."

Ein ungeheurer Tumult brach los. „Gift!", kreischte Ottokar von Krumbach und wedelte mit den langen Armen. „Gift!! Man hat uns alle vergiftet!"

Den Gästen wich die Farbe aus dem Gesicht; Abt
Jaques von Courtenay presste die Arme vor den
Bauch und krümmte sich zusammen, als spürte er
schon den Tod in seinen Gedärmen wühlen. Berthold

von Bulleneck, der von allen Speisen gewaltige Mengen vertilgt hatte, rülpste, hielt die Hand vor den Mund und stürzte hinaus.

Schließlich hob Michael de Leone die Arme und verschaffte sich mühsam Gehör.

„Beruhigt Euch, Ihr Herren! Das feige Attentat ist ja fehlgeschlagen, und ich glaube nicht, dass noch jemand etwas zu befürchten hat. Dennoch gilt es, den Täter möglichst schnell zu ermitteln."

„Das ist gar nicht nötig", unterbrach ihn Lupold von Bebenburg. „Der Täter, scheint mir, ist bereits ermittelt."

Er trat vor den Koch hin. „Hermann Schurig, Ihr habt die beste Gelegenheit gehabt, den Bischof zu vergiften, denn Ihr habt Zugang zu allen Speisen. Was sagt Ihr dazu?"

Hermann wollte etwas entgegnen, aber die Worte fehlten ihm; er knirschte nur mit den Zähnen.

Lupold nickte. „Es verschlägt Euch die Sprache. Das ist der Ausdruck Eures schlechten Gewissens. Aber viele hier wissen, wie abfällig Ihr über die fromme Askese Herrn Albrechts geurteilt, wie Ihr Euch geärgert habt, wenn er wieder einmal eine Eurer üppigen Speisen verschmäht hat. Auch heute habt Ihr Euch wieder über ihn erzürnt – bedarf es da noch eines weiteren Beweises? Ich erhebe Anklage gegen Euch! Wache, nehmt ihn fest!"

Zwei bewaffnete Knechte führten den wie vom Donner gerührten Koch davon, Adelheid und Georg starrten ihm entsetzt hinterher.

„So tut doch etwas, hochwürdiger Herr", flehte das Mädchen und sah Michael verzweifelt an.

„Später, später, beruhige dich!", murmelte er. „Erst einmal muss ich hier retten, was noch zu retten ist. Schau hin, alles drängt zum Aufbruch! Dann ist die ganze Konferenz umsonst gewesen – und das könnte unabsehbare Folgen haben."

Noch einmal verschaffte er sich mit Donnerstimme Gehör. „Ich bitte Euch, Ihr Herren, bleibt sitzen, schon aus Respekt vor Eurem Gastgeber, der so knapp einem schrecklichen Tod entgangen ist. Ich versichere Euch, niemand von Euch ist in Gefahr, niemand hat etwas Verdorbenes oder gar Vergiftetes zu sich genommen. Allein dem Herrn Bischof Albrecht galt der feige Giftanschlag!"

 *Warum ist Michael da so sicher?*

Die Waffe des Mörders

Einsam und verstört hockten Adelheid und Georg in der Küche. Um sie herum türmten sich Berge von Geschirr, schmutzige Töpfe, Krüge, Pfannen und Becher.

Ulrich hatte sich aus dem Staub gemacht und saß wahrscheinlich in irgendeiner Schänke in der Stadt, um brühwarm zu erzählen, was dem Bischof passiert war. Und dass der Koch, sein Beinahe-Mörder, im dunkelsten Kerker schmachtete und darauf wartete, dass man ihm die Schlinge um den Hals legte.

Christoph hatte etwas von „schrecklichen Magenschmerzen" gemurmelt und von warmem Bier, das ihm vielleicht helfen könnte, und war ebenfalls davongeschlichen. Auch Bertha hatte das Weite gesucht.

„Wenn die Katze fort ist, tanzen die Mäuse", stöhnte Adelheid. „Aber es hilft ja nichts, räumen wir auf!"

Sie hob einen Kessel von der Herdstelle und schleppte ihn zu einem hölzernen Zuber. „Komm, fass mit an, Georg!"

Gemeinsam wuchteten sie das schwere Gefäß hoch und schütteten heißes Wasser in den Zuber.

„Was meinst du", fragte Georg bedrückt. „Ob Vater es gewesen ist?"

„Bist du verrückt? Unser Vater ein Giftmörder?" Adelheid warf eine Hand voll Sand in einen kupfernen Topf und scheuerte wütend darin herum. „Was Dümmeres hab ich ja noch nie gehört! Vater! Dass er irgendwem eine eiserne Schmorpfanne ins Kreuz wirft oder ihm eine Schweinshaxe über den Scheitel zieht, das würde ich ihm zutrauen. Aber jemandem Gift ins Essen schütten? Niemals!"

„Aber sein Jähzorn!", gab Georg zu bedenken. „Und er war wirklich wütend auf den Bischof. Weil der die Gerichte noch nicht mal probiert hat, die Vater sich für heute Abend ausgedacht hat."

„Ach, Quatsch!" Adelheid begutachtete kritisch den Topf und wischte ihn mit einem feuchten Lappen aus. „Er war eher enttäuscht als wütend. Du kennst ihn doch. Er will immer gelobt werden. Aber weißt du, warum er es niemals gewesen sein kann? Unwiderlegbar nicht?"

„Wieso nicht? Sag schon!"

„Da kannst du auch selber drauf kommen. Was ist für ihn das Wichtigste auf der Welt?"

„Das Essen!", sagte Georg ohne zu zögern und fügte hinzu: „Und seine Kochkünste natürlich."

„Genau. Kannst du dich noch daran erinnern, wie er damals den armen Ulrich verdroschen hat? Bloß weil der den Rest Nelkenpfeffer an die Fischsauce gegossen hat, die nur nach Wein und Safran schmecken durfte? Und so jemand soll ein Essen verderben, indem er Gift hineinschüttet? Ausgeschlossen!"

Georg schüttelte zweifelnd den Kopf. „Das klingt ja alles sehr einleuchtend", meinte er. „Aber ein Beweis ist es nicht. Und ob Herr Lupold von Bebenburg dir glaubt, wenn du ihm das erzählst ..."

Adelheid seufzte tief. „Bestimmt nicht."

In diesem Augenblick betrat Michael de Leone mit sorgenvoller Miene die Küche. Als er die beiden Kinder sah, eilte er auf sie zu.

„Es sieht nicht gut aus", meinte er kopfschüttelnd. „Wahrscheinlich glaubt niemand ernsthaft, dass Euer Vater der Täter ist ..."

„Ja, aber dann ist doch alles in Ordnung!", rief Adelheid erleichtert. „Dann brauchen wir uns doch gar keine ..."

„Nichts ist in Ordnung", unterbrach Michael. „Gar nichts. Begreift ihr nicht? Ein hoher Würdenträger sollte ermordet werden. Allen Heiligen sei Dank, der Anschlag ist misslungen. Im Grunde ist nichts passiert – der Bischof wird wieder gesund, und irgendwann können die Verhandlungen weitergehen. Aber wenn sich herausstellen sollte, dass der Papst, der Kaiser oder König Karl den Auftrag zum Mord erteilt haben ... Das gäbe einen riesigen Skandal, die Verhandlungen wären endgültig vorbei, und ein Krieg wäre kaum vermeidbar. Also hat niemand Interesse daran, den wahren Täter zu finden. Da kommt Euer Vater gerade recht. Er hat eine Wut auf den Bischof gehabt und hat ihn deshalb vergiftet. Damit ist der Fall geklärt: eine rein persönliche Angelegenheit, die mit Politik nichts zu tun hat. So einfach ist das."

„Das kann doch wohl nicht wahr sein!", stieß Georg hervor. „Dann wird Vater verurteilt, obwohl jeder weiß, dass er unschuldig ist?"

„Na ja, wissen tut es niemand so ganz genau, er könnte es ja immerhin gewesen sein. Aber das ist vollkommen egal. Es passt einfach am besten, wenn er's war."

„Eine solche Riesenschweinerei", presste Georg zwischen zusammengebissenen Zähnen hervor.

„Politik", erwiderte Herr Michael und zuckte die Achseln. „Euch bleibt eigentlich nur zweierlei übrig. Entweder ihr hofft darauf, dass der Mörder doch noch einmal zuschlägt, dann wäre die Unschuld eures Vaters mehr oder weniger erwiesen, oder ..."

„Oder?", drängte Georg

„Oder ihr nehmt die Sache selbst in die Hand und versucht, den wahren Täter zu finden."

„Einfach nichts tun und warten, während Vater ..." Adelheid wischte sich mit dem Schürzenzipfel über die Augen. „Stellt euch doch nur vor, wie er im Kerker sitzt, auf den feuchten, kalten Steinen, nichts Vernünftiges zu essen, nur altes Brot, keine Hühnchenkeule, kein Stück Pastete, und womöglich nur eiskaltes Wasser zu trinken ... Das ist sein Tod!"

Sie weinte leise vor sich hin.

„Beruhige dich, Mädchen", tröstete Michael sie. „Ich werde schon dafür sorgen, dass er keine Not leidet!"

„Trotzdem", sagte Georg entschlossen. „Adelheid hat Recht. Wir müssen ihm helfen, und zwar schnell!"

Er überlegte, während er mit hastigen Schritten auf und ab ging, die Hände auf dem Rücken verschränkt.

„Halten wir fest: Seine Exzellenz, der Herr Bischof, ist das einzige Opfer des Anschlags gewesen. Daraus folgt, dass das Gift entweder in der Mandelmilch oder in den braunen Kuchen enthalten war, denn die hat nur der Bischof gegessen ..."

„So weit waren wir doch schon längst, du Holz-kopf", unterbrach Adelheid und trocknete ihre Trä-nen. „Hör auf mit dem Herumgehampel, ich kann ja überhaupt nicht in Ruhe nachdenken!"

„Als ob dabei etwas herauskäme", höhnte Georg, aber Adelheid winkte nur ungeduldig ab.

„Wir müssten erst einmal herausfinden", sagte sie langsam, „wann das Gift in die Speisen gelangt ist."

„Wozu soll das schon gut sein?", fragte Georg un-geduldig, aber Michael de Leone nickte beifällig. „Kein schlechter Gedanke. So kann man vielleicht den Kreis der Verdächtigen eingrenzen."

„Wenn die Kuchen und die Milch in der Küche noch einwandfrei waren", folgerte Adelheid, „dann können sie eigentlich nur von zwei Leuten vergiftet worden sein: von den Tischnachbarn des Bischofs. Links von ihm saß Graf Johann, rechts von ihm der Herr Abt von Courtenay ..."

„Einen hast du vergessen, der dann genauso gut als Täter infrage kommt", meinte Georg. „Nämlich den, der dem Bischof seine Nachspeise gebracht hat."

„Natürlich! Für den war es sogar am leichtesten! Wisst Ihr noch, wer es war, Herr Michael?"

Als sie das kummervolle Gesicht des Domherrn sah, wurde sie bleich. „Vater?", flüsterte sie.

„Ja, leider", gab Michael de Leone zurück. „Aber ihr solltet keine voreiligen Schlüsse ziehen. Wo sind die Reste, die der Bischof übrig gelassen hat?"

Sie durchstöberten das verwendete Geschirr, aber sie fanden nichts.

„Braune Kuchen hat Vater neulich eine ganze Menge gebacken", sagte Georg schließlich und holte einen Korb aus der Speisekammer. „Hier, jede Menge ist übrig geblieben."

Sie musterten das Gebäck im Licht einer Ölfunzel, schnupperten ausgiebig daran, aber nichts Auffälliges war zu bemerken. „Diese Kuchen sind bestimmt nicht vergiftet", meinte Michael. „Man müsste sonst irgendwelche Spuren sehen, Pulver vielleicht oder Feuchtigkeit, oder zumindest etwas riechen. Ist von der Mandelmilch auch noch etwas da?"

„Ein ganzer Krug voll", nickte Georg. „Ich hole ihn."

Nach einer Weile kam er mit leeren Händen wieder. „Komisch. Ich könnte schwören, dass der Krug in der Vorratskammer stand. Ich hab mich schon darauf gefreut, dass ich morgen davon trinken kann."

Gemeinsam suchten sie Küche und Vorratskammer ab, doch der Krug war verschwunden.

„Die Mandelmilch war also vergiftet", folgerte Adelheid. „Und das ist hier in der Küche passiert, vermute ich. Wer kommt damit als Täter in Frage?"

„Leider ziemlich viele", entgegnete Herr Michael. „Nämlich alle, die die Küche besichtigt haben, mich eingeschlossen. Dein Vater hat ja laut genug erzählt, dass Mandelmilch das Lieblingsgetränk des Bischofs ist. Und wir standen dicht gedrängt in der Vorratskammer, da hätte jeder verstohlen irgendetwas in die Milch schütten können."

„Aber der Täter ist noch einmal zurückgekommen und hat den Krug entfernt", wandte Georg ein. „Dafür kommen nicht alle in Frage!"

Sie schlossen die Augen und ließen den Abend an sich vorüberziehen. Wer war in der Küche gewesen, der dort nichts zu suchen hatte, wer hatte einen irdenen Krug in der Hand gehabt?

„Es hat keinen Zweck", sagte Adelheid schließlich unglücklich. „Ich verstehe ja noch nicht einmal, warum der Täter den Krug überhaupt weggenommen hat. Damit hat er sich doch völlig unnötig in Gefahr gebracht."

„Dafür gibt es nur eine Erklärung." Michael de Leone faltete die Hände wie zum Gebet. „Der Täter ist nicht völlig gewissenlos. Wer weiß, wie viele Menschen von der Mandelmilch getrunken hätten, wer weiß, wie viele gestorben wären. Das wollte er verhindern und hat das tödliche Gift beseitigt. Kommt jetzt, den Rest sollen die anderen morgen Früh aufräumen."

Georg ging voran. Als er die Tür erreicht hatte, glitt er aus und konnte sich gerade noch an der Klinke halten. Er bückte sich und hielt seine Lampe an den Boden. „Seht euch das an!", rief er aufgeregt. Auf den Steinplatten war ein feuchter, klebriger

Fleck zu sehen; größtenteils war die Flüssigkeit schon eingesickert, aber an einer Stelle schimmerte noch ein nasser Film.

Michael de Leone stippte seinen Finger hinein und führte ihn an die Nase. „Mandelmilch!", sagte er. „Und noch etwas anderes."

Er hielt den Geschwistern seinen Finger entgegen. Sie rochen den typischen, leicht bitteren Mandelduft und daneben, kaum wahrnehmbar, etwas, das gleichzeitig pfeffrig und süßlich war.

Das Gift!

Plötzlich hatten sie es eilig, nach draußen zu kommen. Es hatte aufgeklart, der Mond schien hell auf den menschenleeren Hof. Tief atmeten sie die kühle Nachtluft ein.

Vor ihnen ragten der Bergfried und die runde Marienkirche empor. In der Mitte des Hofes war der gemauerte Ring des Brunnens zu erkennen.

„Da, seht ihr, der Krug!", stieß Georg hervor und stürzte auf den Brunnen zu. Adelheid rannte hinter ihm her. Mit einem raschen Sprung wich sie einem Haufen voller Küchenabfälle aus und registrierte aus den Augenwinkeln, dass eine große Ratte davor lag – starr und tot, alle viere von sich gestreckt.

Dann war sie bei Georg, der eben die Trümmer des zerbrochenen Krugs aufsammelte und mit schreckensstarrer Miene auf den Brunnen blickte.

„Beim heiligen Kilian", stammelte er. „Dieser Verbrecher will uns alle töten!"

Adelheid fühlte, wie ihr ein eisiger Schauer über den Rücken lief. Aber dann lächelte sie. „Nein, Georg", sagte sie ruhig. „Du brauchst keine Angst zu haben. Das will er nicht."

Welchen Verdacht hat Georg?

Eine erste Spur?

„Jetzt haben wir das Gift entdeckt", sagte Georg und stieß wütend mit dem Fuß eine Scherbe des zerbrochenen Krugs beiseite, „aber sehr viel schlauer sind wir dadurch nicht geworden! Seht euch doch diesen verdammten Krug an, er verrät nichts, nichts, nichts! Hochwürdiger Herr, so helft uns doch! Wie können wir den wahren Täter entlarven? Was sollen wir tun, bei allen vierzehn Nothelfern?"

„Mmmh ..." Michael de Leone rieb sich das Kinn und furchte die Stirn. „Zunächst ist die Frage zu klären: *Cui bono?* Wem nutzt der Tod unseres Bischofs? Da wären *prima facie* vor allem der Graf von Schwarzberg als *vicarius imperatoris* und Berthold von Bulleneck als *consiliarius regis* ..."

Er murmelte noch allerlei vor sich hin, bis Adelheid ihn voller Ungeduld unterbrach.

„Verzeiht, hochwürdiger Herr! Ihr meint also, dass der Graf und der Ritter verdächtig sind?"

„Das könnte man so sagen", meinte Herr Michael bedächtig. „Ich muss das allerdings erst noch durchdenken."

„Dann werden wir die beiden überwachen. Mit irgendetwas müssen wir schließlich anfangen, wenn wir Vater helfen wollen."

„Aber seid um Gottes willen vorsichtig", beschwor sie der Domherr. „Tut nichts, was euch in Gefahr bringt, und denkt immer daran, was auf dem Spiel steht! Wenn ihr etwas herausfindet, kommt erst zu mir, bevor ihr etwas unternehmt!"

„Macht Euch keine Gedanken, wir passen schon auf", versicherte Adelheid. „Und Ihr, sorgt Ihr dafür, dass Vater ein Federbett bekommt und etwas Anständiges zu essen und einen Krug Wein?"

„Versprochen!"

Das Lächeln, das er aufgesetzt hatte, verschwand, sobald er den beiden den Rücken gekehrt hatte und davonging. Herr Michael de Leone machte sich große Sorgen.

Adelheid und Georg besprachen, wie sie vorgehen wollten. Von den Kammerdienern würden sie erfahren, wo die beiden Herren in der Burganlage untergebracht waren. Dort würden sie Posten beziehen, und dann ...

„Dann *muss* etwas passieren," sagte Adelheid. „Wir müssen einfach etwas herausfinden, sonst geht es Vater an den Kragen!"

Eine Viertelstunde später schlich Georg in den Trakt, in dem das Schlafzimmer des Ritters lag. Direkt neben der Tür steckte eine Fackel in einer Wandhalterung und erleuchtete den Gang, aber nicht weit davon befand sich eine Nische im Mauerwerk. Wenn er sich da hineindrückte, würde man ihn so leicht nicht sehen.

Lautlos trat er vor die Tür, legte ein Ohr an das Holz und lauschte.

Der Ritter drinnen im Zimmer pfiff leise vor sich hin, dann begann er laut zu singen.

> *„Ach, wie froh ich heute bin,*
> *weil bald ich werde schauen*
> *meines Herzens Königin,*
> *die schönste aller Frauen!*
>
> *Ich küss ihre Lippen, so rosig und frisch,*
> *an Liebe wird's nicht mangeln*
> *bei den Fischern am Fluss,*
> *doch ich will keinen Fisch,*
> *ich will ihr Herzchen angeln!"*

Georg schüttelte verständnislos den Kopf. Was für ein Unsinn! Er suchte nach einer Ritze in der Tür, durch die er vielleicht hindurchspähen konnte, doch da polterten Schritte über die Dielen; gerade noch schaffte er es, in seine Nische zu schlüpfen, als auch schon die Tür aufgerissen wurde und Herr Berthold von Bulleneck aus dem Zimmer trat. Er hatte sein langes, blondes Haar sorgfältig gebürstet und einen prächtigen, pelzbesetzten Samtmantel um die Schultern geworfen.

Georg presste sich gegen den kalten Stein, aber der Ritter sah sich nicht einmal um, sondern schritt rasch

durch den Gang, die Stiege hinunter und hinaus ins
Freie.

Georg lief hinter ihm her – erst über den Burghof,
dann durch das innere zum äußeren Tor, an der Wache vorbei und schließlich hinunter ins Mainviertel.

Der Mond schien so hell, dass man keine Laterne
brauchte. Georg blieb ein Stück hinter dem Ritter zurück und dämpfte, so gut es ging, das Geräusch seiner Schritte. Nur jetzt kein Risiko eingehen!

Er hatte das sichere Gefühl, auf der richtigen Fähr-
te zu sein. An diesem Berthold war irgendetwas faul!
Warum hatte er es sonst so eilig?

Berthold bog in eine der Gassen des Mainviertels ein, die zum Fluss hinunterführten.

„Enssu- enssuldige, mein Freund, hassu vielleich 'n paar Heller für sswei arme Hunde mit aussetrockneten Keh-kehlen?"

Aus einem Torbogen waren zwei Betrunkene auf Georg zugetorkelt und versperrten ihm schwankend den Weg.

Verdammt, die hatten ihm gerade noch gefehlt! Er tat so, als ob er in seinem Gürtel nach einer Münze suchte, und hechtete dann blitzschnell zwischen den beiden hindurch. Sie schimpften wütend hinter ihm her, aber er achtete nicht darauf. Wo war Berthold von Bulleneck? Die Gasse vor ihm war menschenleer. Er bog um die nächste Ecke, schaute nach rechts, nach links – nichts.

Wütend und enttäuscht ging er weiter, ziellos und ohne rechte Hoffnung, den Ritter wiederzufinden. Was sollte er jetzt anfangen? Alle Schänken der Stadt durchstreifen? Umkehren?

Er blieb stehen und überlegte. Dabei pfiff er leise vor sich hin. Moment, das war doch ...

Natürlich! Jetzt wusste er, wohin Berthold gegangen war!

Wohin muss Georg gehen?

Anweisung für den Mörder

Als er die Tür zur Kneipe aufstieß, sah er zunächst so gut wie nichts: Dick und schwer hing der Qualm aus den beiden Feuerstellen unter der geschwärzten Decke. Um Geld zu sparen, hatte der Wirt gerade nur so viele Talgfunzeln entzündet, dass die Gäste ihre Krüge vor Augen sehen und auf den Abtritt marschieren konnten, ohne über die Füße ihrer Zechbrüder zu fallen. Es waren fast nur Männer, die hier ihr abendliches Bier oder ihren gewässerten Schoppen tranken. Die wenigen Frauen, die zwischen ihnen saßen, waren offenbar Fischersfrauen. Sie waren es gewohnt, ordentlich mit anzupacken und, wenn nötig, auch kräftig hinzulangen, und prahlten genauso wie die Männer mit dem riesigen Hecht oder Karpfen, den sie tagsüber angeblich gefangen hatten.

Als sich seine Augen an das schlechte Licht gewöhnt hatten, sah sich Georg um. In der hintersten Ecke des Schankraums, hinter einer niedrigen spanischen Wand, erspähte er den Ritter.

Berthold hatte den kostbaren Mantel abgestreift

und saß mit dem Rücken zu den übrigen Gästen, neben sich eine schlanke, dunkelhaarige junge Frau, der er zärtlich den Arm um die Schultern gelegt hatte. Jetzt fasste er sie unters Kinn, drehte sanft ihr Gesicht zu sich und drückte seine Lippen auf ihre.

Georg stand da wie vom Donner gerührt. Bei allen Heiligen, wenn das keine heiße Spur war! Die junge Frau kannte er – das war niemand anders als Bertha, das Küchenmädchen! Sie schien Ritter Bertholds Liebkosungen nicht gerade unangenehm zu finden; ihre Hände hatte sie in seinem blonden Schopf vergraben und wühlte darin herum.

Das war doch nicht zu glauben! Ohne den Blick von dem Liebespaar zu wenden, nahm Georg den Becher Bier entgegen, den ihm der Wirt mürrisch hinhielt, und gab ihm eine Münze dafür.

Mein Gott, dieser Kuss hörte ja überhaupt nicht mehr auf! Wie kam Berthold von Bulleneck, ein Vertrauter König Karls, dazu, sich mit einem einfachen Küchenmädchen abzugeben? Nur, weil sie hübsch war? Georg wettete darauf, dass mehr hinter der Sache steckte.

Geistesabwesend trank er einen Schluck. Pfui Teufel, was für eine ranzige Brühe!

Endlich schien den beiden die Luft auszugehen, und sie lösten sich voneinander. Der Ritter griff in seinen Gürtel und zog etwas daraus hervor, das er Bertha in die Hand drückte; es schien ein kleines Päckchen zu sein. Was war das? Ein neues tödliches Gift?

Georg schob sich näher heran, da standen die beiden plötzlich auf.

Nichts wie weg! Im Grund hatte er auch schon mehr als genug gesehen. Er stellte den Becher auf den nächsten Tisch und hastete hinaus ins Freie, um von Bertha nicht erkannt zu werden. Im Laufschritt legte er den Weg hinauf zur Burg zurück, keuchend langte er oben an.

Er wusste, wo er Michael de Leone suchen musste: In der bischöflichen Kanzlei, einem großen, hellen Raum im Erdgeschoss der Burg, in dem sich auf hohen Regalen Urkunden über Urkunden stapelten, wo mächtige Folianten mit wichtigen Protokollen, Rechtsvorschriften und Verzeichnissen aneinander gereiht standen.

Und richtig, der Domherr stand gebeugt über einem Schreibpult, in tiefes Nachdenken versunken, und kaute an einer Rohrfeder.

„Hochwürdiger Herr, ich habe etwas herausgefunden!"

Michael blickte auf. „Tatsächlich?" Man merkte seiner Miene deutlich an, dass er sich nicht allzu viel erhoffte.

Als Georg ihm jedoch erzählte, was er in der Schänke „Zum Karpfen" mit eigenen Augen gesehen hatte, hörte er gespannt zu.

„Es ist nicht zu fassen", sagte er schließlich. „Unsere Bertha soll in ein so abscheuliches Verbrechen verwickelt sein? Und Berthold von Bulleneck – dass er ein Raufbold ist, sieht man ihm an. Aber Gift?"

Nachdenklich kratzte er sich am Kinn, dann sagte er: „Komm, wir sehen uns mal um."

Er drückte Georg eine Lampe in die Hand und nahm sich eine weitere; gemeinsam gingen sie in Richtung Küche. Schon von weitem hörten sie lautes Klappern und Scheppern.

„Vorsicht, da ist jemand", raunte Georg.

Der Domherr grinste. „Ich glaube nicht, dass du deine Stimme dämpfen musst, mein Junge. Wer so viel Krach macht, ist wohl kaum in verbrecherischer Absicht gekommen."

Als sie die Tür aufstießen, sahen sie Adelheid, die mit verbissenem Eifer Töpfe und Pfannen putzte.

„He, was machst du denn hier?", erkundigte sich Georg empört. „Wir hatten ausgemacht, dass du den Grafen nicht aus den Augen lässt!"

„Ach ja, hatten wir das?", gab seine Schwester wütend zurück. „Und wie soll ich das bitte machen, wenn er gleich nach Vaters Verhaftung ausgeritten ist – und niemand weiß, wohin? Was glaubst du, warum ich wieder hier stehe und Töpfe scheuere!"

„Mach dir nichts draus", tröstete Georg, aber ein selbstgefälliger Unterton war nicht zu überhören. „Dafür war ich umso erfolgreicher!"

„Das ist noch längst nicht erwiesen", meinte Michael. „Wo hat Bertha ihren Schlafplatz?"

„Bertha? Wieso Bertha?", fragte Adelheid entgeistert. „Was hat Bertha mit der ganzen Sache zu tun?"

Während ihr Georg erzählte, was er im Mainviertel beobachtet hatte, gingen sie in die winzige Kammer neben dem Herd, in der Bertha ihren Schlafplatz hatte. Michael durchstöberte die kleine Truhe, die ihre wenigen Habseligkeiten enthielt, die Geschwister klopften die Wände nach hohlen Stellen ab, hoben die Bettstatt an und spähten in jeden Winkel, in dem möglicherweise etwas verborgen sein konnte.

„Nichts, was uns weiterhelfen würde", sagte Georg, als sie wieder in der Küche standen, jeder einen Becher Bier vor sich.

„Aber auch gar nichts", bekräftigte der Domherr und fügte hinzu: „Wir werden sie morgen Früh selbst befragen müssen."

„Und unser armer Vater sitzt immer noch im Kerker und weiß nicht, wie ihm geschieht", sagte Adelheid, während sie gedankenverloren in seinem Kochbuch blätterte. Plötzlich stutzte sie, dann stieß sie einen lauten Schrei der Überraschung aus.

„Was soll denn das?", fuhr Georg seine Schwester an. „Ist dir der Satan in den Leib gefahren?"

„Hier, seht euch an, was ich entdeckt habe!" Sie deutete mit dem Finger auf das Rezept, das sie gerade aufgeschlagen hatte. „Die Anweisung für den Mörder!"

Die beiden anderen brauchten eine Weile, bis sie begriffen, was sie da sahen. Adelheid seufzte erleichtert. „Damit ist Vater zwar noch nicht entlastet, aber mir fällt trotzdem ein Stein vom Herzen. Denn eins ist klar: Bertha kann es auch nicht gewesen sein."

Was hat Adelheid entdeckt?
Wieso kann es Bertha nicht gewesen sein?

Ein ganz besonderer Saft

„Ja, aber, wenn sie mit dem Mordversuch an unserem Herrn Bischof nichts zu tun hat, warum hat sie sich dann mit Berthold von Bulleneck getroffen?", wollte Georg wissen.

Seine Schwester grinste ihn an. „Das glaube ich, dass du das nicht begreifst", erwiderte sie. „Das nennt man Liebe, mein Kleiner!"

Georg wurde rot. Er ärgerte sich, weil er auf etwas so nahe Liegendes nicht selbst gekommen war.

„Und das Päckchen?", fragte er und warf seiner Schwester einen bitterbösen Blick zu.

Sie zuckte mit den Schultern. „Ein kleines Geschenk vielleicht, was weiß ich. Die eigentliche Frage ist doch: Wer hat dann die Anweisung in das Kochbuch hineingeschrieben?"

„Das kann fast jeder getan haben", erwiderte Georg. „Vater ist so stolz darauf und zeigt es überall herum – jeder weiß, wo es liegt ..."

Herr Michael de Leone schaltete sich ein. „Das ist richtig", bestätigte er. „Wer die Anweisung geschrieben hat, können wir deshalb noch nicht sagen. Aber für wen sie bestimmt war, das wissen wir ziemlich genau ..."

„Was?!", unterbrachen ihn die Geschwister wie aus einem Mund.

„Überlegt doch mal: ‚Gib's in die süße Mandelmilch, die man zu den braunen Kuchen isst' – das muss für jemanden geschrieben sein, der in der Küche beschäftigt ist, sonst gibt es doch gar keinen Sinn! Wenn aber Bertha dieser Jemand nicht ist, wer bleibt dann übrig?"

„Moment." Adelheid zählte auf. „Wir beide natürlich ..., Vater ..., – wenn wir es nicht waren, dann bleiben nur Ulrich und Christoph!"

Herr Michael nickte zustimmend. „Einer von den beiden Hilfsköchen muss derjenige sein, für den die Anweisung zum Mord ins Kochbuch geschrieben wurde."

„So schlecht, wie Vater sie immer behandelt, glaube ich das sofort", sagte Georg düster. „Irgendwer hat einem von ihnen einen ordentlichen Batzen Geld geboten und dazu die Gelegenheit, Hermann Schurig, den Ohrfeigen verteilenden Küchenmeister, in die Hölle zu schicken."

„Aber wer ist dieser abscheuliche Verbrecher?", empörte sich Adelheid.

Michael de Leone versank in tiefes Sinnen. „*Cui bono*", murmelte er vor sich hin, „*cui bono, aber auch das führt nicht weiter, der Bischof hat sich mit zu vielen Leuten angelegt *temporibus iis turbidis* ...*"

„Redet Ihr ruhig weiter Latein", sagte Georg respektlos. „Wir werden Christoph und Ulrich verhören."

„Aber erst morgen", sagte der Domherr gähnend. „Euer Vater ist fürs Erste gut aufgehoben. Er hat ein weiches Bett und einen ordentlichen Schlaftrunk. Und beides wartet jetzt auch auf mich. Gute Nacht!"

Ulrich roch den Braten sofort, als ihn Georg am nächsten Morgen beiläufig fragte, ob er zufällig gestern Mandelmilch gemacht habe.

„Aha, so ist das", knurrte er und lief rot an vor unterdrücktem Zorn. „Ich nehme an, ich soll Ja sagen und am besten gleich hinzufügen: Ach, übrigens, ich habe ein kleines bisschen Gift hineingemischt? Der Herr Küchenmeister soll wohl vor dem Henker gerettet werden, indem man den kleinen Hilfskoch an seiner Stelle beschuldigt? Mir wollt ihr den Mord anhängen!" Seine Stimme wurde seidenweich. „Aber leider muss ich euch enttäuschen, meine reizenden kleinen Küchenmeisterskinder. Ich habe die Mandelmilch nicht gemacht, das war der Herr Küchenmeister selbst. Ich habe außerdem genau gesehen, wie der Herr Küchenmeister persönlich die Mandelmilch mit den Kuchen serviert hat. Und, bei Gott und allen Heiligen, das werde ich auch im Gericht sagen, denn das ist die Wahrheit! Und dann wird man den Herrn Küchenmeister …"

Er fuhr sich grinsend mit der Handkante über die Kehle.

„Halt bloß dein dummes Maulwerk, du nichtsnutziger Darmputzer! Du bist ja bloß neidisch, weil aus dir nie ein Küchenmeister wird … Du bist und bleibst eine Küchenschabe!"

Wütend war Adelheid vor ihn hingetreten und funkelte ihn an. Aber Ulrich machte nur eine verächtliche Handbewegung und verließ die Küche.

„Mit dem hat Vater es sich gründlich verdorben", meinte Georg. „Nichts ruiniert freundschaftliche Gefühle so sehr wie Ohrfeigen. Aber zu wissen scheint er nichts, oder?"

„Ich weiß nicht recht", erwiderte Adelheid nachdenklich. „Er kann Vater nicht ausstehen, so viel steht fest. Trotzdem, so in etwa stimmt das, was er gesagt hat: Vater hat die Mandelmilch selbst angesetzt und serviert. Aber das beweist ja nichts ... Georg, wir schaffen es nicht, wir kriegen nichts raus! Und unser armer Vater muss im Kerker schmachten und wird immer dünner und dünner ..."

„Nur nicht so schnell aufgeben", sagte Georg aufmunternd. „Damit Vater dünner wird, müsste er schon ein ganzes Jahr da unten sitzen. Komm, wir befragen Christoph. Wo steckt er eigentlich?"

Sie suchten ihn in der Kammer, in der er und Ulrich ihre Bettstatt hatten – nichts. Dann durchkämmten sie die Stallungen und schauten in die Marienkapelle hinein – kein Christoph. Als sie ihre Suche schon aufgeben wollten, wankte er ihnen aus der Latrine entgegen und hielt sich seinen Bauch.

„Ouuuuuh", jaulte er, als er die beiden erblickte.
„Mein Magen! Es wird immer schlimmer!"

Behutsam führte Adelheid ihn in die Küche, goss
etwas Wein in einen Becher und füllte mit warmem
Wasser vom Herd auf. „Trink das", befahl sie, „das
lindert die Schmerzen vielleicht ein bisschen."

Georg war bei weitem nicht so rücksichtsvoll. „Das
ist dein schlechtes Gewissen, das dir auf den Magen
drückt!", herrschte er den Hilfskoch an. „Gib's zu, du
hast was mit dem Giftanschlag zu tun!"

„Ouuuuhiiiiich?" Das Heulen steigerte sich zu einem entsetzten Kreischen. „Ich soll den Bischof vergiftet haben? Wann denn? Ich konnte vor lauter Schmerzen kaum einen Topf halten! Den ganzen Abend hat mich euer Vater angemeckert deswegen und mich kaum aus den Augen gelassen. Und dann hat er selbst die Mandelmilch in den Saal getragen. Ich weiß es genau, denn da bin ich schnell in die Speisekammer gerannt, um meine Tropfen zu nehmen. Aber ausgerechnet gestern, als ich sie am nötigsten gebraucht hätte, waren sie alle. Dabei hätte ich schwören können ..."

Er hielt plötzlich inne und rieb sich seinen Bauch. „Deswegen geht's mir auch heute so schlecht. Ouuuuh!"

Er ächzte und stöhnte zum Steinerweichen. „Ihr seid gesund, ihr wisst ja gar nicht, wie gut ihr's habt! Tagaus, tagein wühlt der Schmerz in meinem Magen. Und meine Verdauung? Wie die von einem Gaul, der zu viel Klee gefressen hat! O ihr heiligen vierzehn Nothelfer, ich bitte euch: Steht mir bei in meinem Elend!"

Jammernd schlich er davon, zusammengekrümmt wie ein gichtbrüchiger Großvater – dabei war er kaum zwanzig.

„Ein armer Teufel", murmelte Adelheid. „Jetzt ist er schon fast zwei Jahre hier, kriegt das beste Essen, und seine Magenschmerzen ist er immer noch nicht los."

„Er ist selbst schuld", meinte Georg mitleidlos. „Er hat zu viel Angst. Angst, dass er was falsch macht, Angst, dass er was kaputtmacht, Angst, dass er zu schnell ist, Angst, dass er zu langsam ist. Angst macht Magenschmerzen. Weißt du noch, damals, als ich das teure italienische Glas zerbrochen habe und Vater mir gedroht hat, dass er mir die Haut vom Hintern prügelt? Da hab *ich* Magenschmerzen gehabt vor Angst."

Er schüttelte sich bei der Erinnerung. „Schlauer hat Christoph uns jedenfalls nicht gemacht. Vater hat die Mandelmilch zubereitet, und Vater hat sie serviert, so viel steht fest. Damit ist er nach wie vor der Hauptverdächtige. Wenn man wenigstens wüsste, woher das Gift in der Milch stammt, dann könnte man vielleicht daraus schließen, wer es besorgt hat ...“

„Warte!“, unterbrach ihn Adelheid aufgeregt. „Christoph hat irgendwas gesagt ... ‚Euer Vater hat mich kaum aus den Augen gelassen. Und dann hat er selbst die Mandelmilch in den Saal getragen.‘ Und dann? Was hat er dann gesagt?“

„Weiß ich nicht mehr.“

Adelheid schloss die Augen und legte einen Finger an die Nase. Plötzlich nahm sie eine Talglampe vom Tisch, zündete sie am Herdfeuer an und eilte in die Vorratskammer. Georg folgte ihr neugierig. Vor einem großen Regal, auf dem allerlei Gewürze, Koch- und Backzutaten standen, hob sie das Lämpchen in die Höhe und nickte befriedigt. „Ich weiß jetzt, was das für ein Gift war in der Mandelmilch“, sagte sie.

Was für ein Gift war in der Mandelmilch?

Eine raffinierte Falle

Prüfend hielt Medicus Horn das Fläschchen gegen das Licht, öffnete es, schnupperte, fuhr mit dem kleinen Finger hinein, entnahm einen winzigen Rest einer bräunlichen Flüssigkeit und leckte vorsichtig daran. Adelheid, Georg und Michael de Leone warteten gespannt auf sein Urteil. Schließlich nickte er bedächtig.

„Das ist es, was man dem Bischof verabreicht hat, ohne Zweifel. Alraunwurzelsirup. Tropfenweise verwendet, ist es ein wirksames Mittel gegen krampfartige Schmerzen, in größeren Mengen aber ein gefährliches Gift, das fürchterlichste Zuckungen und Verrenkungen des Körpers verursacht, bis der Kranke schließlich in starre Reglosigkeit verfällt – eine tiefe Ohnmacht, aus der er nicht mehr erwacht."

„Um der heiligen Jungfrau willen!", entfuhr es Adelheid.

Zufrieden nahm der Arzt die bestürzten Blicke seiner Zuhörer zur Kenntnis. „Ich nehme nicht an, dass ihr die Wirkungsweise eines solchen Giftes kennt?", fragte er. Als die anderen schweigend den Kopf schüttelten, räusperte er sich und begann: „Das Gift gelangt in den Magen, wo es in den Verdauungsvorgang eingreift und die dort entstehenden Körpersäfte verdirbt. Der größte Teil dieser verunreinigten Säfte befand sich noch im Magen des Kranken. Ich habe ihm daher einen starken Absud aus Brechwurz verabreicht, worauf er alles von sich gespien hat. Doch war eine nicht geringe Menge der vergifteten *humores* bereits in die Adern gelangt. Deshalb nahm ich einen Aderlass vor, um verdorbene Blutflüssigkeit zu entfernen. Schließlich reinigte ich auch noch den Darm, indem ich dem Herrn Bischof einen kräftigen Einlauf machte. Als er daraufhin auch auf diesem Weg alles Giftige ausgeschieden hatte, war die größte Gefahr vorüber."

Der Arzt studierte die Aufschrift auf dem Fläschchen. „Ich kenne die Schrift. Dieser Sirup stammt von Schwester Walburga aus der Apotheke des Klosters Himmelspforten. Wer benötigt hier ein so starkes Medikament?"

Georg sagte es ihm und musste daraufhin Christoph herbeiholen.

„Wie oft hast du davon genommen?", fragte der Arzt und musterte den Hilfskoch, der mager, bleich und mit herabgezogenen Mundwinkeln vor ihm stand.

„Ga... ganz selten nur", lautete die Antwort. „Das Fläschchen war ja gestern Früh noch so gut wie voll!"

„Wie?", fuhr der Arzt auf. „So gut wie voll? Bist du sicher?"

„Bei meiner Seele", versicherte Christoph.

„Dann muss noch einiges übrig sein. Denn diese Menge hätte der Bischof niemals lebend überstanden; außerdem hätte die Mandelmilch sogar für seinen wenig verwöhnten Gaumen abscheulich geschmeckt. Wo ist der Rest geblieben?"

„Vielleicht mit der Mandelmilch weggegossen?", vermutete Georg. „Ich frage mich nur, warum der Täter das Fläschchen nicht einfach mitgenommen hat."

„Das ist nicht schwer zu erraten", sagte Michael de Leone düster. „Es ist ein weiteres Indiz gegen deinen Vater. Denn der wusste bestimmt von der Medizin, stimmt's?"

Christoph nickte. „Ich hab sie ihm selbst gezeigt."

Der Domherr seufzte. „Der Täter wollte zwar den Herrn Bischof töten, aber gleichzeitig hat er Hermann Schurig eine Falle gestellt, aus der es kaum ein Entrinnen gibt."

Eine Falle! Eine Idee blitzte in Adelheid auf. Eine Falle! Sie schloss die Augen und dachte konzentriert nach. Ja, so könnte es gehen!

Ungeduldig wartete sie ab, bis sich der Arzt verabschiedet hatte und Christoph wieder in seinem Verschlag verschwunden war.

„Hört zu", wisperte sie dann aufgeregt. „Hört zu! Wir sind uns doch einig, dass jemand, der Zutritt zur Küche hatte, das Gift in die Mandelmilch geschüttet

haben muss, stimmt's?" Sie nahm das Nicken der anderen zur Kenntnis und fuhr fort: „Aber wir wissen auch, dass in Wahrheit ein hoher Herr dahinter stecken muss – einer, der die Anweisung in das Kochbuch geschrieben hat, nicht wahr?"

Wieder nickten ihre Zuhörer.

„Also, ich sage euch, was wir machen ..."

Eine halbe Stunde später lag das „Buch von guter Speise" aufgeschlagen auf seinem Stammplatz in der Küche. Unter einem Rezept für Knoblauchsauce, ganz unauffällig, stand in einer Handschrift, die etwas runder war als die des Rezepts, folgender Satz: *Bring die Zutat heute Nacht zu mir, ich werde die Speise selbst bereiten!*

Es lag den ganzen Tag über dort; weder Adelheid noch Georg ließen sich blicken. Erst eine Stunde vor dem Abendessen betraten sie die Küche wieder.

Adelheid, die in Abwesenheit ihres Vaters das Kommando in der Küche übernommen hatte, hatte befohlen, dass für den Abend nur ein Gericht, gebratene Hühner mit Knoblauchsauce, und zum Nachtisch Honigkuchen mit süßem Wein zubereitet werden sollte. Dafür reichte die kurze Vorbereitungszeit aus.

Während des Kochens ließen die Hilfsköche, Bertha und die Geschwister einander nicht aus den Augen; niemand konnte auch nur einen Handgriff tun, ohne dass ihn ein anderer dabei beobachtete.

Vor den Augen der Gäste kostete das Küchenpersonal von allen Speisen, bevor sie serviert wurden. Nach anfänglichem Zögern griffen alle reichlich zu, und das Essen ging ohne die kleinste Verdauungsstörung, ohne das kleinste Zeichen des Unwohlseins vorüber.

Weil der Hausherr noch immer leidend war und der Tafel nicht vorsitzen konnte, war es unangebracht, die Mahlzeit allzu sehr in die Länge zu ziehen oder gar mit Unterhaltung zu würzen. So gab es weder Musik noch Jongleure oder Gaukler, die Kunststücke zeigten. Bald zogen sich die Gäste in ihre Schlafkammern zurück.

Wenig später schlichen Adelheid und Georg ins Freie und verbargen sich hinter dem Brunnen neben der Marienkapelle.

Es war eine kalte, klare Nacht. Wieder warf der Mond sein silbriges Licht in den Burghof. Die Geschwister hockten fröstelnd im Schatten des mächtigen Runds der Kapelle und wagten nicht, sich zu rühren oder ein Wort miteinander zu wechseln.

Endlos dehnte sich die Zeit. Tief unten im Brunnen gluckerte das Wasser, aus den Stallungen drang ab und zu das gedämpfte Wiehern eines Pferdes herüber, manchmal huschte eine Ratte vorbei und verschwand mit leisem Rascheln in einem der Kehrichthaufen. Sonst war es still.

Da bewegte sich etwas an der Mauer des Wohngebäudes, eine Gestalt löste sich aus dem Schatten, eine zweite trat zu ihr. Adelheid merkte, wie ihr Bruder die Muskeln spannte, bereit zur Verfolgung, und legte ihm die Hand auf den Arm. „Ruhig!", flüsterte sie kaum hörbar. „Berthold und Bertha!"

Sie hatte Recht; im silbernen Licht waren das hübsche Küchenmädchen und der elegante Ritter deutlich zu erkennen. Eng umschlungen spazierten sie

über den Hof und verschwanden im Dunkel des oberen Tors.

„Die haben selber Gift genommen." Georg kicherte leise. „Eine Art Liebestrank ..."

„Sei still!" Seine Schwester knuffte ihn so heftig in die Seite, dass er gerade noch einen Schmerzenslaut unterdrücken konnte. Er spähte am Rand des Brunnens vorbei und sah, wie sich die Tür zum Gesindetrakt langsam öffnete. Misstönend klang das Knarzen der Scharniere durch die Stille.

Ein Mann schob sich ins Freie, blieb aber vorerst im Schatten der Mauern. Seine Schritte knirschten im Sand. Jetzt musste er aus dem Schatten heraustreten! Hell fiel das Mondlicht auf sein Gesicht: Es war Ulrich!

Die Falle war zugeschnappt!

Vor der Tür, die zu den Kemenaten führte, holte er eine Lampe unter seinem Umhang hervor und drehte den Docht höher. Dann trat er ein.

Zwei, drei Atemzüge lang warteten die Geschwister, dann rannten sie über den Hof, mit langen, federnden Schritten, fast lautlos, bis sie den Eingang erreichten.

Unendlich behutsam zog Adelheid die Tür auf und flehte zu allen Heiligen, dass die Angeln nicht quietschten.

Die vierzehn Nothelfer standen ihnen bei, es gab nicht das leiseste Geräusch. Ulrich hatte die steile Wendelstiege schon fast erklommen. Sie hörten das Schlurfen seiner Sohlen auf den steinernen Stufen, dann ein sachtes Klopfen an einer hölzernen Tür.

Vorsichtig tasteten sie sich an der Wand nach oben. Adelheid, die vorneweg ging, hatte die letzte Biegung erreicht und konnte gerade noch rechtzeitig anhalten.

Ulrich musste nur wenige Schritte vor ihr stehen; seine Laterne erhellte die weiß gekalkte Wand.

Jetzt öffnete sich die Tür, jemand trat heraus, sein Schatten fiel auf die Wand.

Eine heisere Stimme flüsterte: „Bei allen Teufeln, hab ich dir nicht verboten, mit mir Kontakt aufzunehmen, du schwachköpfige Missgeburt?"

„Aber Herr, Ihr habt mir doch selbst geschrieben, dass ich ..."

Etwas flatterte aufgeregt an Adelheid vorbei, ein pelziger Flügel streifte Georg, der dicht hinter ihr stand, im Gesicht, er schrie erschrocken auf.

Einen Augenblick lang herrschte Schweigen, dann zischte die heisere Stimme mit kalter Wut: „Lass ihn nicht entkommen, wer immer der Hundesohn ist!"

Mehr hörten die Geschwister nicht. So schnell es ging, stolperten sie die Stufen hinunter, hasteten ins Freie und verbargen sich hinter der Kirche. Wie rasend pochten ihre Herzen, während sie sich an die kalte Mauer pressten. Sie sahen Ulrich aus der Tür stürmen, aber er schien keine Lust zu haben, auf seine unbekannten Verfolger Jagd zu machen, sondern rannte über den Hof und durch das innere Tor davon.

„Den müssen wir nicht mehr fürchten", stieß Adelheid keuchend hervor. „Den sehen wir nicht wieder!"

Langsam schöpfte sie wieder Atem. „Sag mal, du windelweiches Muttersöhnchen, was ist eigentlich in dich gefahren?"

„Die Fledermaus ist mir direkt ins Gesicht geflogen", verteidigte Georg sich kleinlaut. „Da hättest du auch geschrien."

„Das mag schon sein", gab Adelheid zu. „Aber ein Jammer ist es trotzdem. Wir haben wieder nichts erreicht. Oder hast du die Stimme erkannt?"

Georg schüttelte den Kopf. „Ich habe keine Ahnung, wer es gewesen sein könnte. Ich weiß nicht mal, aus welchem Zimmer er gekommen ist. Nur dass Berthold es nicht gewesen sein kann, so viel ist bewiesen."

„Dann lass uns schlafen gehen", seufzte Adelheid, „und morgen Früh gleich zu Herrn Michael gehen. Vielleicht hat er eine Idee, was wir jetzt noch tun können. Immerhin haben wir heute ja einiges herausgefunden."

Die Geschwister standen mit den Hühnern auf und eilten in die Kanzlei. Herr Michael de Leone saß schon über seinen Folianten.

„Nun, was ist?", fragte er gespannt. „Wer hat dem Herrn Bischof das Gift verabreicht?"

„Ulrich war es", berichtete Adelheid niederge-schlagen. „Wir hätten es uns denken können. Vater hat ihn gar zu schlecht behandelt, und mit seinem Lohn war er auch nie zufrieden. Deshalb hat er sich kaufen lassen und die Gelegenheit benutzt, alles so hinzudrehen, dass man Vater für den Täter halten musste. Gestern Nacht hat er's mit der Angst gekriegt und ist abgehauen. Man kann ihn nicht einmal mehr befragen. Und wer hinter all dem steckt, das wissen wir immer noch nicht."

Herr Michael kniff ärgerlich die Lippen zusammen. „So, wie die Dinge liegen", sagte er, „werden eure Beobachtungen als Beweis für die Unschuld eures Vaters nicht ausreichen. Was habt ihr denn schon gesehen? Ein Hilfskoch ist zu den Schlafkammern der Gäste hinaufgestiegen. Alles andere sind nur Vermutungen, keine Beweise. Lupold von Bebenburg wird das als armseligen Versuch ansehen, euren Vater zu retten."

Er sah die Geschwister drängend an. „Überlegt nochmal! Habt ihr die Stimme nicht doch erkannt? Oder irgendetwas gesehen?"

Georg schüttelte den Kopf. „Er hat nur geflüstert. Und gesehen hab ich überhaupt nichts. Ich stand doch hinter Adelheids Rücken, nicht mal die Wand hab ich ..."

„Die Wand!", rief Adelheid. „Es war etwas auf der Wand! Ein Schatten ... Schnell! Gebt mir ein Stück Pergament und eine Feder!"

Michael reichte ihr das Gewünschte, und sie begann, mit fieberhaften Bewegungen zu zeichnen. Mit angehaltenem Atem sahen ihr die beiden anderen dabei zu. Bald wurde der Umriss eines Mannes sichtbar – eines Mannes, der allem Anschein nach eine Laterne in der Hand hielt.

„Ulrich!", flüsterte Georg. Eine zweite Silhouette entstand, Strich für Strich ...

„Mein Gott!", rief Herr Michael mit ungläubigem Entsetzen, als sie fertig war. „Das ist der Auftraggeber?"

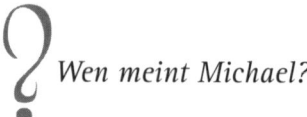

? *Wen meint Michael?*

In letzter Sekunde

„Niemals hätte ich das geglaubt", wiederholte der Protonotar erschüttert. „Er!" Fassungslos rang er die Hände. „Herr, mein Gott, die Seele des Menschen ist ein Abgrund der Finsternis, wenn du sie nicht erleuchtest!"

Er starrte auf Adelheids Zeichnung.

Plötzlich fuhr er zusammen und deutete auf den Gegenstand, den Ulrich seinem Auftraggeber in die Hand drückte. „Seht doch! Das Gift! Ulrich hat dem Schurken das Gift übergeben! Und der hat jederzeit Zutritt zu unserem allergnädigsten Herrn! Der Bischof ist in höchster Gefahr!"

Er stürmte aus der Kanzlei und auf den Hof hinaus. Einem herumlungernden Waffenknecht rief er zu: „Besetzt das untere Tor, aber schnell!" Dann jagte er zurück, die Treppen hinauf zu den Gemächern des Bischofs, Adelheid und Georg hinter ihm her.

„Hoffentlich ist es noch nicht zu spät!", stieß Michael hervor und riss die Tür auf.

Drinnen lag Bischof Albrecht in seinem breiten Himmelbett, von einem Berg Kissen gestützt, und schien sich bei ganz guter Gesundheit zu befinden. In der Hand hielt er einen silbernen Pokal.

Neben ihm in einem gepolsterten Sessel saß der Domkapitular Ottokar von Krumbach, in die Lektüre der Heiligen Schrift vertieft, die auf seinem Schoß lag, während seine rechte Hand einen Rosenkranz hielt und seine Lippen sich in stummem Gebet bewegten.

„Ach, Michael, wie schön, dass Ihr einmal nach mir seht", rief der Bischof, überraschend gut gelaunt. „Und wen habt Ihr da mitgebracht? Hermanns Kinder?" Seine Miene verfinsterte sich. „Nun, ich weiß wirklich nicht, was ich von all dem halten soll!"

Er hob den Pokal an den Mund. „Bezichtigt mich bitte nicht der Völlerei, Michael – den Wein hat mir der Arzt zur Stärkung verschrieben, und Ottokar war so freundlich, ihn mir ... he, was tut Ihr da?!"

Michael war zum Bischof gestürzt und hatte ihm den Pokal aus den Händen gewunden, ohne darauf zu achten, dass der Wein die kostbare Bettdecke befleckte.

„Verzeiht, Herr", Michael schnupperte an der Flüssigkeit, „aber mir kommt der Wein ein wenig zu stark gewürzt vor für Euren angegriffenen Zustand. Ottokar ist sicherlich so freundlich, ihn zu kosten und uns zu versichern, dass er bekömmlich für Euch ist."

Mit gebieterischer Geste hielt er dem Domkapitular den Pokal hin. „Darf ich bitten, Herr Ottokar?"

„Ihr seht doch", sagte der Angesprochene, ohne eine Miene zu verziehen, „dass ich ins Gebet vertieft bin. Versucht also den Wein selbst, wenn Ihr meint."

„Ich muss aber darauf bestehen", sagte Michael hartnäckig.

Der bucklige Domherr hob den Kopf und lächelte freundlich. „Ich lebe im Moment enthaltsam und bin ausschließlich dem Genuss geistiger Freuden geöffnet. Meine Seele lechzt nach Erquickung, der körperlichen Stärkung bedarf ich nicht. Verschont mich also mit dem Wein und lasst mich weiter beten."

„Ottokar, wollt Ihr jetzt bitte trinken?"

Alle Freundlichkeit verschwand aus dem Gesicht des Domkapitulars. Er hob die Hand und machte Anstalten, Michael den Pokal aus der Hand zu schlagen. Der wich blitzschnell zurück.

„Du trinkst!", brüllte Michael.

„Ich trinke nicht!", kreischte Ottokar.

„Was geht hier vor?", donnerte der Bischof aufgebracht.

Da verlor Georg die Geduld. Er lief um den sitzen-
den Domkapitular herum, legte ihm von hinten den
rechten Arm um den Kopf und hielt ihm mit der lin-
ken Hand die Nase zu. „Schüttet ihm den Wein in den
Mund, wenn er nach Luft schnappt", schrie er.

Ottokar zappelte auf seinem Stuhl, warf sich hin
und her und schlug um sich. Plötzlich, in höchster
Not, fasste er Georgs Hand, zog sie mit aller Kraft
von seiner Nase und biss kräftig hinein.

Georg schrie gellend auf und riss sich los. Der
Domherr sprang auf und lief in Richtung Tür. Adel-
heid, die dort stand, stellte ihm ein Bein, sodass er
stürzte. Als er sich aufrappelte, rutschte ihm ein
Stück Pergament aus dem Ärmel und schwebte zu
Boden. Adelheid hob es auf, er wollte es ihr wegneh-

men, auch Georg griff danach – da zerriss es in mehrere Teile.

Mit einem Fluch wandte sich Ottokar um und rannte zur Tür hinaus.

Schwer atmend drehten sich die Geschwister um. Michael de Leone stand stocksteif da, den Pokal wie einen kostbaren Schatz an die Brust gedrückt. Der Bischof starrte sie völlig entgeistert an und wiederholte: „Was geht hier vor?"

„Der Domkapitular Ottokar von Krumbach hat soeben zum zweiten Mal versucht, Euch zu vergiften", antwortete Michael mit erzwungener Ruhe. „Höchst eigenhändig diesmal, und diesmal hätte auch die Dosis gereicht."

Er bückte sich und hob die Teile des Pergaments auf, die zu Boden geflattert waren. Je einen Fetzen hatten Adelheid und Georg noch in der Hand.

„Dann wollen wir mal sehen, was hier so Wichtiges draufsteht, dass der Schurke es uns nicht lesen lassen wollte!"

Was steht auf dem Pergament?

Undank ist der Welt Lohn

Erschüttert ließ sich der Bischof vorlesen, was auf dem Pergament stand.

„Er, den ich für den Getreuesten der Getreuen gehalten habe", murmelte er verstört. „Kann das Ganze nicht ein schrecklicher Irrtum sein?"

„Oh nein, allergnädigster Herr", erwiderte Michael de Leone grimmig. „Vertraut mir als Eurem Freund und Rechtsberater: Ottokar Krummbuckel ist der Täter. Die zwei Kinder Eures Küchenmeisters Hermann Schurig haben die Wahrheit ans Licht gebracht. Schon lange wollte Ottokar Euer Amt. Er hoffte dabei auf die Unterstützung des Herrn Papstes. Als das Domkapitel Euch wählte und der Heilige Vater sich gegen Euch stellte, sah er seine Stunde gekommen. Der Gegenbischof in Rom war weit weg und würde sich in Würzburg nie durchsetzen können. Aber wenn er, Ottokar, Euch beseitigte und dann den Papst wissen ließ: ‚Hier in Würzburg habt Ihr einen treuen Freund, der Eure Gegner bekämpft, Eure Interessen vertritt und in Würzburg bekannt und geachtet ist' – dann hätte er tatsächlich die besten Chancen gehabt, vom Papst zum Bischof ernannt zu werden. Ich bin überzeugt, dass es dazu gekommen wäre ..."

„Entsetzlich, entsetzlich", murmelte Bischof Albrecht.

„... wenn die ebenso mutigen wie klugen Kinder Hermann Schurigs es nicht verhindert hätten."

„Entsetzlich, entsetzlich", wiederholte der Bischof. Dann hob er die buschigen Brauen und musterte Adelheid und Georg. „Dann habt ihr mir nicht nur das Leben gerettet, sondern mir auch meinen Koch erhalten, der, wenn man seinen eigenen Worten glauben will, als der beste in ganz Franken gilt ..."

„Was Ihr aber nicht besonders zu schätzen wisst", unterbrach ihn Georg.

Michael räusperte sich warnend.

„Ist doch wahr", sagte Georg trotzig. „Nie lobt Ihr Vater für seine köstlichen Speisen. Die wunderbaren Gerichte, die er sich vorgestern eigens für Euer Festmahl ausgedacht hat, habt Ihr nicht einmal beachtet. Kein Wunder, dass ihm immer gleich die Galle hochkommt!"

„Du hast sicher Recht", gestand der Bischof ihm reumütig zu. „Aber ich bin nun einmal kein großer Esser."

„Ein großer Esser müsst Ihr auch nicht sein, nur einer, der etwas Gutes zu würdigen weiß und auch einmal ein lobendes Wort sagt."

„Ich will es beherzigen, beim heiligen Kilian", versprach der Bischof und lehnte sich in die Kissen zurück. „Aber jetzt berichtet mir noch, wie Ottokar den Mordanschlag verübt hat!"

„Das war nicht weiter schwierig", erklärte Adelheid. „Er hatte bemerkt, dass der Hilfskoch Ulrich meinen Vater hasste, weil der ihn behandelte wie ... na ja, Ihr kennt ja meinen Vater. Und Ulrich war als Koch ungefähr so, verzeiht mir, wie Ihr als Esser."

Der Bischof musste lachen. „Also ziemlich miserabel."

„Genau so ist es, Herr. Wahrscheinlich versprach Ottokar Ulrich einen Batzen Geld für den Mord und erklärte ihm außerdem, als eine Art Zusatzbelohnung, wie er den Verdacht auf meinen Vater lenken könnte. Ulrich wusste, dass Christoph, der andere Hilfskoch, eine Medizin für seinen kranken Magen besaß, die in größeren Mengen tödlich giftig ist. Am Abend des Festmahls war die Gelegenheit günstig. Viele Leute gingen in der Küche aus und ein, keiner achtete auf den anderen. Es war ein Kinderspiel, das Gift unbemerkt in die Mandelmilch zu schütten. Und heute ..."

„Heute hat Euch Ottokar das Gift selbst in den Wein gegossen", unterbrach Michael schnell, denn er wollte den Bischof nicht gerade mit der Nase darauf stoßen, dass der zweite Anschlag erst durch die Falle, die sie Ulrich gestellt hatten, möglich geworden war.

Vorsichtig stellte er den Pokal mit dem tödlichen Trank auf ein Tischchen neben dem Bett.

„Ich kann es immer noch nicht glauben", sagte der Bischof traurig. „Die Seele des Menschen ist ein Abgrund; der Herr bewahre uns vor der Versuchung!

Immerhin hat die ganze Geschichte doch auch ein Gutes gehabt: Meine Gäste haben unter dem Schock der Ereignisse beschlossen, alle Konflikte beizulegen. Jacques von Courtenay will den Heiligen Vater dazu bewegen, meine Wahl anzuerkennen. Der Kaiser wird, denke ich, von seinem Groll gegen mich ablassen. Und Berthold von Bulleneck hat besonderes Entgegenkommen gezeigt: Er hat mir versichert, dass König Karl vorerst nicht darauf bestehen wird, dass ich ihm huldige. So gehen wir gottlob alle in Frieden auseinander."

Er faltete dankbar die Hände. „Was mache ich nun mit den Übeltätern?"

„Der kleine Fisch ist Euch durch die Maschen geschlüpft", sagte Michael. „Ulrich ist längst über alle Berge. Der große Fisch jedoch ..."

Er wurde unterbrochen, weil jemand an die Tür pochte. Ein Bewaffneter betrat den Raum, verbeugte sich erst tief vor dem Bischof und wandte sich dann an den Protonotar.

„Wir haben uns am unteren Tor postiert, wie Ihr befohlen habt. Vor ein paar Minuten ritt jemand eilig darauf zu."

Der Soldat grinste. „Es war eine Frau in einem langen Seidenkleid. Sie ritt im Damensitz. Als wir unsere Lanzen vor ihrem Pferd kreuzten, rutschte sie aus dem Sattel und landete äußerst unsanft auf dem Boden. Dabei löste sich der Gürtel ihres Gewands. Stellt Euch vor, Herr, sie hatte dicke, schwarz behaarte Beine. Und einen krummen Rücken ..."

Eine Viertelstunde später saß Ottokar von Krumbach im finstersten Verlies der bischöflichen Festung, und Hermann Schurig wurde im Triumph in die Küche geführt.

Er war nicht sonderlich erstaunt gewesen, als er gehört hatte, wer die Täter waren. „Ulrich", hatte er verächtlich gebrummt. „Der hätte gar kein Gift nehmen müssen. Was der zusammenkocht, das reicht völlig aus, um jemanden um die Ecke zu bringen.

Und Ottokar Krummbuckel, das ist ein ganz abgefeimter Bursche. Erinnert ihr euch, was er zu mir gesagt hat? ,Suppenpanscher und Schweinsdarmstopfer'. Zu mir! Von einer solchen Ungeheuerlichkeit zum Giftmord ist es nur ein kleiner Schritt."

Obwohl er während seiner Haft nicht gerade Not gelitten hatte, war Hermann doch sichtlich erleichtert, wieder in Freiheit zu sein.

So befand er sich in bester Laune, als er seine geliebte Küche betrat, und sah sich händereibend um. „Ihr habt ja tatsächlich ordentlich aufgeräumt", sagte er. „Und außerdem noch ein paar gefährliche Mörder entlarvt ... Ich bin wirklich sehr zufrieden mit euch."

Er trat zu dem Pult, auf dem das „Buch von guter Speise" lag.

„Deshalb werde ich euch zu einem Festmahl einladen. Ich werde meine ganze Kunst für euch zur Entfaltung bringen, sodass ihr glauben werdet, an der Tafel des Papstes zu speisen. Ihr seid selbstverständlich auch eingeladen, Herr Michael de Leone."

Der Protonotar verneigte sich. „Es ist mir eine Ehre und ein Vergnügen."

Gedankenverloren blätterte Hermann in seinem Kochbuch. „Mmmh, was wäre ... man könnte viel-

leicht noch Wachteln bekommen ... ein Ragout
von ..."

Er blätterte weiter, dann zurück, stutzte plötzlich
und sah genauer hin. Seine Schläfenadern schwollen
an, und auf seinem Hals zeigten sich rote Flecke.

„Wer hat das geschrieben?", fragte er wütend. Alles Wohlwollen war aus seiner Stimme verschwunden, sie klang wie das Brummen eines gereizten
Bären.

Neugierig beugte sich Michael de Leone über das
Pult. „Was meint Ihr?"

„Da!" Ein bebender dicker Zeigefinger wies auf die aufgeschlagene Seite, und Michael las ein höchst seltsames Rezept.

Eine köstliche Speise – wenn sie einer mag!
Willst du ein feines Gericht machen,
nimm alten Schweiß,
denn der macht den Magen heiß.
Dazu gib Schmalz von Kieselstein,
das wirkt bei hüftlahmen Mädchen fein.
Dazu kommt Erdbeer- und Brombeermark,
das gibt Aroma, das macht stark.
Und bist kein Einfaltspinsel du,
dann gibst du Weinlaub noch dazu.
Und obendrein noch Bohnenstroh,
Liebstöckel und Minze ebenso.
Denn nimmst du die Gewürze,
wie duften da die Fürze!
Mit Stieglitzbein' und Mückenfüß'
machst du das Ganze köstlich süß.
Das alles schmeckt und riecht so fein,
mit einem Wort: Es ist zum Spei'n!
Ich bitte dich, versalz es nicht,
denn wunderbar ist dies Gericht!

„Wer hat das geschrieben?", wiederholte Meister Hermann drohend und schaute auf.

Ein Blick in das grinsende Gesicht seines Sohnes verriet ihm den Übeltäter. Blitzschnell holte er aus, und im nächsten Moment hatte Georg eine Maulschelle bekommen, die einen gepanzerten Reiter umgeworfen hätte.

„Wie kannst du es nur wagen, meinen kostbarsten Besitz mit deinen Albernheiten zu verunstalten?", brüllte Hermann und holte ein zweites Mal aus.

Aber Georg rettete sich mit einem raschen Sprung und rannte aus der Küche.

„Wie könnt Ihr so etwas tun, Vater?", schimpfte Adelheid. „Er holt Euch aus dem Kerker, rettet Euch vielleicht sogar das Leben, und Ihr schlagt ihn, bloß, weil er sich einen kleinen Scherz erlaubt hat?"

Meister Hermanns Wut verrauchte so schnell, wie sie gekommen war. „Du hast Recht, Adelheid", sagte er beschämt. „Ich werde in Zukunft meinen Zorn bezähmen. Aber jetzt an die Arbeit! Während ich die Vögel besorge, könntest du schon die Weinbeeren in Malvasier einlegen ..."

Stunden später, als sie Meister Hermanns wunderbare Wachteln genossen, war auch Georg wieder versöhnt.

Denn sein Vater hatte seine Schwächen, ohne Zweifel. Aber als Koch war er wirklich unübertroffen.

Lösungen

Dem Anschlag entronnen
An einer Seite des Dachs hängt eine Strickleiter herunter.

Im Reich des Meisterkochs
Der Bischof hat die Küche verlassen. Er ist ein frommer Mann, dem weltliche Genüsse kaum etwas bedeuten.

Gefährliche Mahlzeit
Es gibt eine Speise, die ausschließlich der Bischof zu sich genommen hat: braune Kuchen mit Mandelmilch. Nach deren Genuss hat der Bischof Symptome einer Vergiftung gezeigt.

Die Waffe des Mörders
Georg befürchtet, dass der Täter das Gift in den Brunnen geschüttet haben könnte. Aus zwei Gründen kann Adelheid Georg beruhigen: 1. Der Täter wollte das Gift beseitigen, um niemanden zu gefährden, deshalb würde er es nie in den Brunnen kippen. 2. Er hat das Gift in den Abfallhaufen gegossen. Die Ratte, die davon genascht hat, ist der Beweis dafür.

Eine erste Spur?

Georg erinnert sich an das Liedchen, das Berthold geträllert hat, und geht in das Wirtshaus zum Karpfen.

Anweisung für den Mörder

Am Schluss des Rezepts steht in abweichender, etwas runderer Handschrift die Anweisung „Gib's in die süße Mandelmilch, die man zu den braunen Kuchen isst". Bertha kann nicht lesen, also kann die Anweisung nicht für sie bestimmt gewesen sein.

Ein ganz besonderer Saft

Im Regal steht ein kleiner Flakon mit der Aufschrift „Vorsicht! 1 Tropfen bei starken Schmerzen." Der Flakon enthält also Christophs Medizin.

Eine raffinierte Falle

Er meint Ottokar von Krumbach, der an seinem Buckel deutlich zu erkennen ist.

In letzter Sekunde

Wenn man die Fetzen zusammenfügt, ergibt sich folgende Nachricht: „An seine Heiligkeit, den Papst: Ich habe den Bischof beseitigt, der nie Euer treuer Gefolgsmann geworden wäre. Macht mich zum Bischof, und Ihr habt einen Freund, auf den Ihr Euch verlassen könnt. Ottokar von Krumbach"

Glossar

Absud: durch Kochen hergestellter wässriger Auszug aus Arzneipflanzen

Aderlass: Heilmethode, bei der dem Kranken Blut abgezapft wurde, um den Körper von schlechten Stoffen zu reinigen

Alraunwurzel: auch Mandragora, Nachtschattengewächs mit stark giftiger Wurzel, die einer menschlichen Gestalt ähnelt. Kann in winzigen Mengen als krampflösendes Heilmittel genutzt werden.

Bistum: Amtsbezirk eines katholischen Bischofs

Brechwurz: kriechende Pflanze, deren Wurzelabsud als Brechmittel verwendet wurde

consiliarius regis: Berater des Königs

cui bono?: Wem zum Nutzen?

Domkapitular: Mitglied des Domkapitels (auch Dom-
kanoniker oder Domherr), vom Bischof eingesetzter
geistlicher Würdenträger, der bei der Verwaltung und
Leitung des Bistums mithilft und das Recht hat, an der
Wahl eines neuen Bischofs teilzunehmen

Fladenbrot: flaches, meist ohne Hefe auf dem Herd oder
in der Pfanne gebackenes Brot

Folianten: großformatige Handschriften

Haushofmeister: Beamter, der die Aufsicht über die gesamte Dienerschaft eines Hofes hatte

Humores: Körpersäfte

Kammerdiener: persönlicher Diener eines Herrn, der z. B.
beim Ankleiden behilflich war

Kanzlei: Behörde eines Fürsten, in der alle Amtsgeschäf-
te, wie z. B. das Ausstellen von Urkunden, getätigt
wurden; Räume, in denen diese Behörde untergebracht
war

Kemenate: (beheiztes) Schlaf- oder Wohnzimmer,
ursprünglich Frauengemach

Kilian: erster Bischof von Würzburg, später Würzburgs
Schutzheiliger

Körpersäfte: Flüssigkeiten, aus denen alle Bestandteile
des Körpers zusammengesetzt sind: gelbe Galle,
schwarze Galle, Schleim, Blut

Küchenschabe: Küchenvorräte fressendes Insekt,
auch Kakerlake

Latrine: Toilette

Malvasier: Südwein

Mandelmilch: Getränk aus gemahlenen, in Wasser einge-
weichten Mandeln und evtl. Honig oder Zucker

Medicus: Arzt

Nelkenpfeffer: gemahlene Gewürznelken

Nothelfer: vierzehn Heilige, die seit dem 14. Jahrhundert
in besonderen Notsituationen angerufen wurden; der
bekannteste von ihnen ist Christophorus, der Träger
des Christuskinds

Pergament: vor allem aus Kalbs- oder Schafshaut hergestellter Beschreibstoff

Prima facie: dem ersten Anschein nach

Protonotar: Leiter einer Kanzlei

Reisige: schwer bewaffnete Krieger

Stockfisch: getrockneter Fisch

Temporibus iis turbidis: in diesen unruhigen Zeiten

Veitstanz: ein Nervenleiden, verbunden mit heftigen
Muskelzuckungen

Vicarius imperatoris: Abgesandter, Vertrauter des Kaisers

Zeittafel

1314	Ludwig der Bayer wird König.
1324	Ludwig der Bayer wird durch den Papst gebannt. Der Bann zeigt keine Wirkung, weil die Kurfürsten Ludwig unterstützen.
1328	Ludwig erklärt den Papst für abgesetzt und lässt sich in Rom zum Kaiser krönen.
1336	Michael de Leone wird Protonotar des Bischofs von Würzburg.
1345	Albrecht von Hohenlohe wird von den Würzburger Domkapitularen gewählt und als Bischof eingesetzt. Der Papst ernennt Albrecht von Hohenberg zum (Gegen-)Bischof.
1346	Nach Zugeständnissen an den Papst und die Kurfürsten wird Karl IV. als Gegenkönig zu Ludwig dem Bayern gewählt.
1347	Ludwig der Bayer stirbt.
1350	Albrecht von Hohenlohe wird vom Papst als rechtmäßiger Bischof von Würzburg anerkannt.
1355	Karl IV. wird in Rom zum Kaiser gekrönt.
1356	Die Goldene Bulle Karls IV., eine der wichtigsten Verfassungsurkunden des Heiligen Römischen Reiches, bestätigt unter anderem das Recht der Kurfürsten, den König zu wählen.
1378	Kaiser Karl IV. stirbt.

Der Bischofssitz im Spätmittelalter

Der Bischof von Würzburg

Die Situation im Würzburger Bistum zeigt beispielhaft, welcher Konflikt das Heilige Römische Reich im Spätmittelalter immer wieder beschäftigt hat.

Das Oberhaupt des Reiches, der König, wurde von Fürsten gewählt (den so genannten Kurfüsten) und vom Papst zum Kaiser gekrönt. Er war also von der Unterstützung, dem Wohlwollen und nicht zuletzt von den Interessen beider Seiten abhängig.

Umgekehrt brauchten die Fürsten die Unterstützung des Königs und, wenn sie geistliche Fürsten waren, die des Papstes. Das galt auch für Bischof Albrecht von Hohenlohe.

Der Bischof war, wie heute auch, das geistliche Oberhaupt seiner Diözese, also des bischöflichen Bezirks. Gleichzeitig war er aber auch ein weltlicher Fürst, der das Gebiet seines Bistums regierte wie ein Herzog sein Land. Einen wichtigen Unterschied gab es aber: Während der Herzog sein Land an seine Nachkommen vererben konnte, war der Bischof als

Geistlicher zur Ehelosigkeit verpflichtet und hatte keine direkten Erben. Nach seinem Tod war es deshalb völlig offen, wer sein Nachfolger würde.

Die hohen Geistlichen des Bistums, die Domkapitulare, die alle dem Adel entstammten, hatten das Recht, den Bischof zu wählen. Doch die Wahl allein genügte nicht: Der Papst und der König bzw. der Kaiser mussten die Wahl anerkennen und den Kandidaten bestätigen. Oft führte das dazu, dass mehrere Personen für sich beanspruchten, der rechtmäßige Bischof zu sein. Wem es gelang, die meisten Anhänger für sich zu gewinnen, der setzte sich am Ende durch.

Für seine vielen Aufgaben als geistliches und weltliches Oberhaupt des Bistums brauchte der Bischof Unterstützung. Die Domkapitulare berieten ihn in allen politischen Fragen. Die wichtigsten Regierungsämter am Bischofshof wurden mit Domkapitularen besetzt: Der Generalvikar war der Stellvertreter des Bischofs. Der Protonotarius leitete die Kanzlei, die oberste Verwaltungsbehörde, der Thesaurarius war bischöflicher Finanzchef. Der Dompropst leitete die Kapitelversammlungen und verwaltete den Besitz des Domkapitels. Zwölf Archidiakone verwalteten jeweils einen eigenen Regierungsbezirk innerhalb des Bistums und sprachen dort auch Recht.

Essen und Trinken im Mittelalter

Die Küche der meisten Menschen im Mittelalter war sehr einfach. Die wichtigsten Gemüse waren Kohl, Rüben, dicke Bohnen, Zwiebeln und Pastinak (ein Wurzelgemüse). Den Hauptbestandteil der Nahrung bildete Getreide: Roggen, Gerste, Hirse, Dinkel und Weizen. Roggen lieferte das Mehl der kleinen Leute. Es wurde zu Brot verbacken, aber auch als Grütze (in kaltes oder warmes Wasser eingerührt) gegessen.

Dazu gab es Obst wie Äpfel, Birnen und Quitten, das am liebsten gedörrt gegessen wurde. Roh hielt man es für ungesund. Auch Käse und Nüsse zählten zur Nahrung, sowie alles, was man in der Natur an Genießbarem fand (Bucheckern, Beeren, Pilze).

Fleisch war für die einfachen Leute eine Seltenheit. Die Jagd und zum Teil auch der Fischfang durften nur von vornehmen Herren ausgeübt werden. Schlachtfleisch gab es nur selten, weil die meisten Haustiere wie Rinder, Schafe, Ziegen und Hühner als Lieferanten von Nahrungsmitteln und Rohstoffen viel zu wertvoll waren. Wenn geschlachtet wurde, dann waren es meistens Schweine. Die wertvollsten Teile wurden dann durch Dörren, Einkochen, Räuchern oder Einsalzen haltbar gemacht.

Zu trinken gab es für die Ärmeren Wasser, vergorene Fruchtsäfte, Milch und vor allem dünnes Bier.

Der Speisezettel der Wohlhabenden in den Klöstern, an den Höfen und in den Städten war bedeutend abwechslungsreicher. Da gab es viel mehr Kräuter, Gemüse und Obst, zahlreiche Fischarten und reichlich Fleisch. Wer ein vornehmes Haus führte, der ließ häufig Wild und Geflügel servieren. Süßigkeiten wie eingelegtes Obst, Konfekt, Kuchen und Puddings waren ebenso ein Zeichen von Reichtum wie die Verwendung von vielen, möglichst teuren Gewürzen. Das wichtigste Getränk war Wein.

Wirklich feine Herren hatten im späteren Mittelalter einen eigenen Küchenchef, den sie sehr gut behandelten und bezahlten, damit er nicht kündigte.

Solch einen Koch hatte vermutlich auch Bischof Albrecht von Würzburg. Jedenfalls entstand in der Mitte des 14. Jahrhunderts in Würzburg ein Kochbuch, das ein echter Profi verfasst hat. Michael de Leone brachte es in seinen Besitz, es ist bis heute erhalten. Der Koch selbst hat es „Das Buch von guter Speise" genannt. Es ist ein richtiges Luxuskochbuch für die Tafel eines großen Herrn und enthält 96 Rezepte. Auch das Scherzrezept mit dem alten Schweiß und dem Kieselschmalz ist dabei.

Aus dem „Buch von guter Speise"

Ein Rezept zum Nachkochen
Huhn in Eierkuchen mit Äpfeln und Armen Rittern

Zutaten:

1 gekochtes Huhn,
4 Scheiben altbacke-
nes Weißbrot ohne
Rinde,
1 großes Ei, Milch,
2 große, säuerliche
Äpfel (z. B. Boskop)
6 Eier, 150 g Mehl,
ca. 1/2 l Milch
Gewürzmischung
aus je 1/2 Tl Zimt
und gemahlenem
Ingwer, je 1/4 Tl
Anis, Safran,
gemahlenem Pfeffer,
1 Msp. gemahlener
Nelken und Salz
1/4 l trockener
Weißwein, 2 Tl Honig
Butterschmalz zum
Ausbacken

Zubereitung:

Aus Eiern, Milch und Mehl einen Eier-
kuchenteig rühren, quellen lassen.
Das Hühnerfleisch von den Knochen
lösen, in kleine Stücke schneiden.
Die Brotscheiben kurz in Milch wei-
chen lassen, durch verquirltes Ei ziehen
und in Butterschmalz goldbraun ausbacken („Arme Ritter"), warm stellen.
Äpfel schälen, entkernen, in Scheiben
schneiden, in Butterschmalz anbraten,
warm stellen.
Aus dem Teig vier große, dünne Eierkuchen in Schmalz backen, ebenfalls
warm stellen.
Wein, Honig und Gewürze mischen,
auf die Hälfte einkochen lassen, Hühnerfleisch darin erwärmen.
Eierkuchen auf vorgewärmte Teller geben, auf jeden einen Armen Ritter, Ap-
felscheiben und Hühnerfleisch mit
Würzsauce geben, zusammenklappen
und sofort servieren.

Medizin im Mittelalter

Die gelehrten Ärzte glaubten, dass alles, was auf der Erde existierte, aus den vier Elementen Feuer, Wasser, Luft und Erde bestünde, auch die Nahrungsmittel des Menschen.

Durch Gärung und Verdauung, so dachten die Mediziner, entstünden aus den Nahrungsmitteln vier Körperflüssigkeiten, auch Säfte genannt: die gelbe Galle, die ein Übergewicht an Feuer, die schwarze Galle, die ein Übergewicht an Erde hatte, der Schleim, der vor allem aus Wasser, und das Blut, das vor allem aus Luft bestand.

Wenn einer dieser Säfte im Übermaß vorhanden oder verdorben war, wurde der Mensch durch ihn „vergiftet". Man konnte ihn heilen, indem man ihm eine Arznei verabreichte, die das Übermaß abbaute: Bei zu viel gelber Galle (einem Übergewicht an Feuer) bekam er eine Medizin, die die Schleimproduktion (ein Übergewicht an Wasser) anregte.

Verdorbene Säfte versuchte man aus dem Körper zu entfernen: im Magen durch ein Brechmittel, im Darm durch einen Einlauf, in den Adern durch einen Aderlass. Beim Aderlass wurde meist im Oberarm eine Vene geöffnet und Blutflüssigkeit entnommen.